まえがき

技術の進歩や社会情勢の突然の変化により，遠隔地の人どうしをつなぐためのネットワークやシステムに対する需要は，急激に高まってきています。このようなシステムをつくるための根幹をなすものがプログラミングです。IT技術者にとっては必須の技術として，すべての社会人にとっては基本的な教養として，学生にとっては今後の武器として，また論理的思考力を高めるための手段として，プログラミングが注目されています。本書は，プログラミングの基礎となる流れ図(フローチャート)を学習できるようにまとめた，書き込み式のドリル教材です。中学生や高校生などの初学者にも，分かりやすい題材で記載してあります。

『アルゴリズムドリル』の内容を発展させ，クロス集計に必要な表や順位付け，データの並べ替えなど，より実践的な考え方を多く扱っています。本書だけでも十分な学習効果を得ることはできますが，初学者につきましては『アルゴリズムドリル』を学習後，本書に取り組めばより高い効果が期待できます。また，コンピュータ特有の考え方は一度の学習では完全な理解は難しいですから，繰り返し考えながら理解していけば結構です。

本書で学習すれば基本的な思考力は身につくので，本書を学習後，本格的なプログラミング学習につなげてもらえたら幸いです。

もくじ

1 基礎の確認1 最大値・最小値

問題 1-1 次の３人の通学時間データのうち，最も時間のかかる人を求めるために，正しい順番に並べ替え，記入しなさい。

入力データ

（氏名）　（時間）
村松春奈　45
竹下榛南　20
加藤雅夕　60

実行結果

（最大）　60

・時間 → 最大
・0 → 最大
・時間 ＞ 最大
・最大を表示する

解答

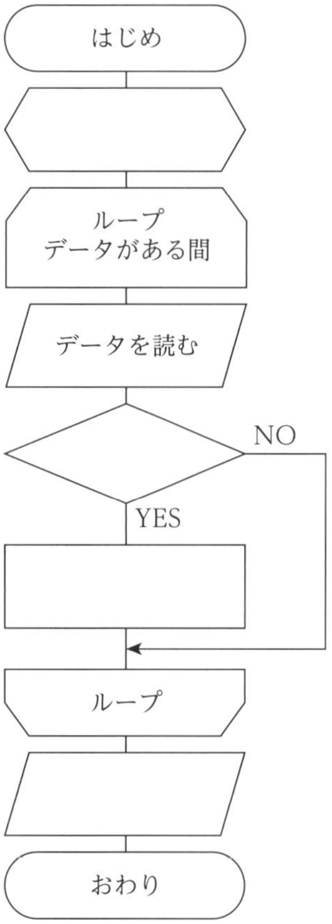

ポイント！

ループの前 → 最大に最小値を記憶させる
ループの中 → 最大記録更新で入替処理をする
ループの後 → 最大を表示して終了

問題 1-2 次の３人の通学時間データのうち，最も時間のかかる人を求めるために，正しい順番に並べ替え，記入しなさい。

入力データ

（氏名）　（時間）
村松春奈　45
竹下榛南　20
加藤雅夕　60

実行結果

（最大）　60

・最大を表示する　　・時間 → 最大
・時間 ＞ 最大　　・時間 → 最大

解答

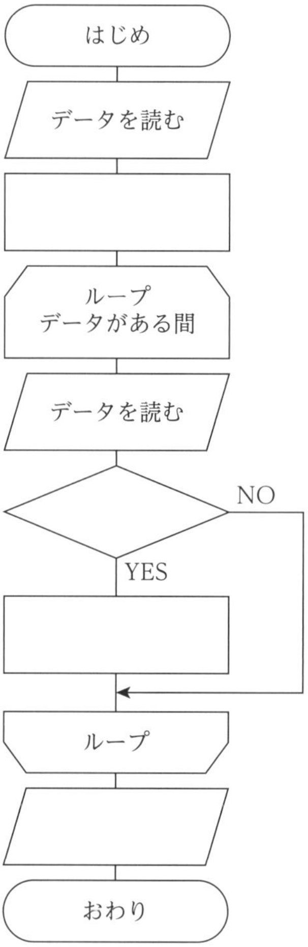

ポイント！ 問題1-1の変形です。１件目のデータを最大に記憶させることで，最小値を初期値とする処理を省いています。このように，アルゴリズムは，ひとつのパターンとは限りません。

問題 1-3 次の３人の通学時間データのうち，最も時間が短い人を求めるために，正しい順番に並べ替え，記入しなさい。

入力データ

(氏名)	(時間)
村松春奈	45
竹下榛南	20
加藤雅夕	60

実行結果

(最小)　20

・時間 → 最小
・999 → 最小
・時間 < 最小
・最小を表示する

解答

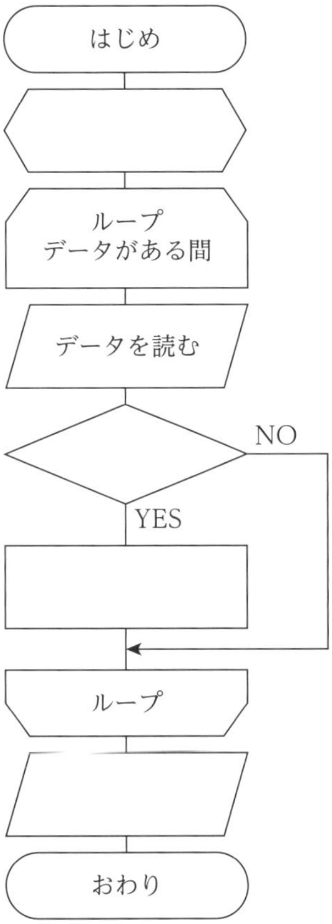

ポイント！
ループの前 → 最小に最大値を記憶させる
ループの中 → 最小記録更新で入替処理をする
ループの後 → 最小を表示して終了

問題 1-4 次の３人の通学時間データのうち，最も時間が短い人を求めるために，正しい順番に並べ替え，記入しなさい。

入力データ

(氏名)	(時間)
村松春奈	45
竹下榛南	20
加藤雅夕	60

実行結果

(最小)　20

・最小を表示する　　・時間 → 最小
・時間 < 最小　　・時間 → 最小

解答

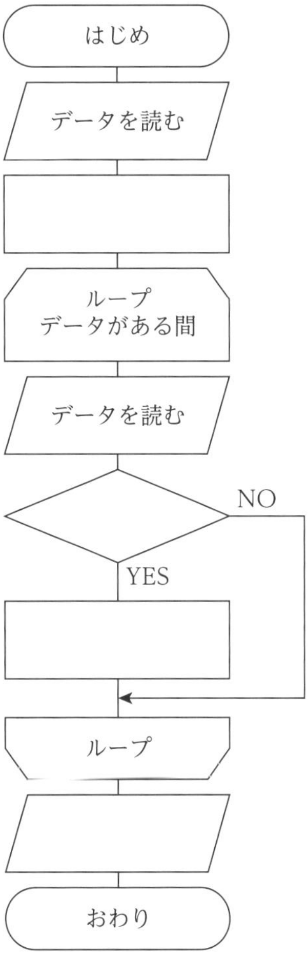

ポイント！ 問題1-3の変形です。ループの中の二分岐は，最小にデータが入っていなければエラーとなってしまいます。問題 1−3 のように最大値を入れておくか，本問のように１件目のデータを仮の最小値として記憶させることで，このエラーを防いでいます。

2 基礎の確認2 配列・線形探索

問題 2-1 次の３人の通学時間データのうち，最も時間のかかる人を求めるために，正しい順番に並べ替え，記入しなさい。

名簿

(0)	(1)	(2)
村松春奈	竹下榛南	加藤雅夕

時間

(0)	(1)	(2)
45	20	60

実行結果

（氏名） 加藤雅夕 （最大） 60

- 時間(s) > 時間(最大)
- i + 1 → s
- 名簿(最大)，時間(最大)を表示する
- s → 最大

解答

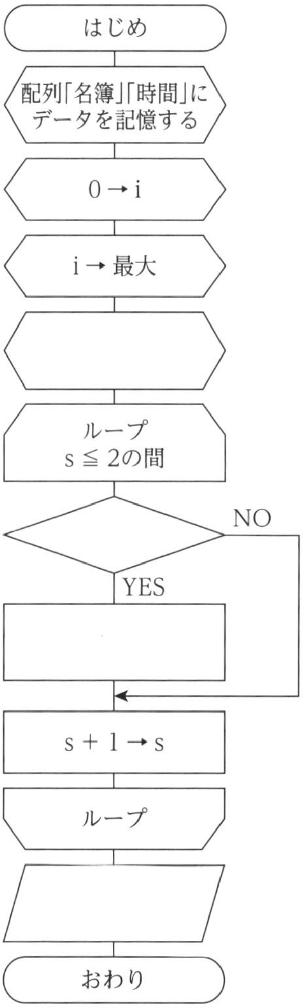

はじめ
配列「名簿」「時間」にデータを記憶する
0 → i
i → 最大
ループ
s ≦ 2の間
NO
YES
s + 1 → s
ループ
おわり

問題 2-2 次の３人の通学時間データについて，合計と人数，平均を求めるために，正しい順番に並べ替え，記入しなさい。

名簿

(0)	(1)	(2)
村松春奈	竹下榛南	加藤雅夕

時間

(0)	(1)	(2)
45	20	60

実行結果

（合計） 125 （人数） 3 （平均） 41

- 人数 + 1 → 人数
- 0 → 合計
- 合計，人数，平均を表示する
- 合計 ÷ 人数 → 平均

解答

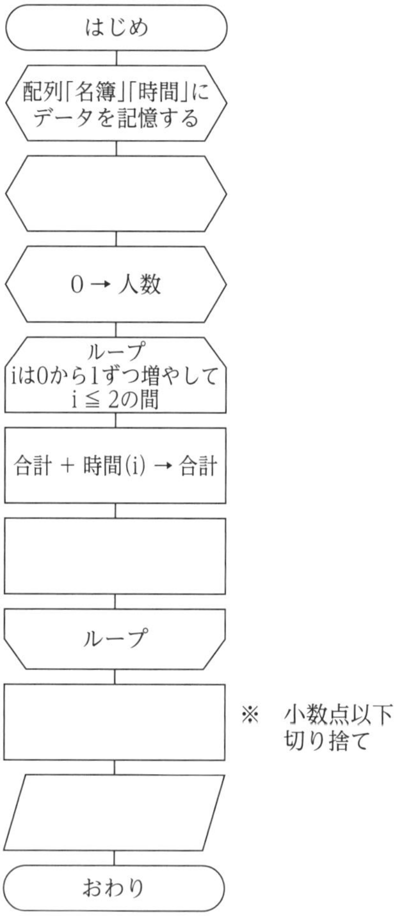

はじめ
配列「名簿」「時間」にデータを記憶する
0 → 人数
ループ
iは0から1ずつ増やして
i ≦ 2の間
合計 + 時間(i) → 合計
ループ
※ 小数点以下切り捨て
おわり

問題 2–3 出席番号をもとに氏名と通学時間を探索して表示するために，正しい順番に並べ替え，記入しなさい。

入力データ	実行結果	
（出席番号）	（氏名）	（時間）
2425	竹下榛南	20
2511	加藤雅夕	60
2337	村松春奈	45

番号

(0)	(1)	(2)
2337	2425	2511

名簿

(0)	(1)	(2)
村松春奈	竹下榛南	加藤雅夕

時間

(0)	(1)	(2)
45	20	60

・出席番号 ≠ 番号(i) の間　　・i + 1 → i
・名簿(i)，時間(i)を表示する　　・0 → i

解答

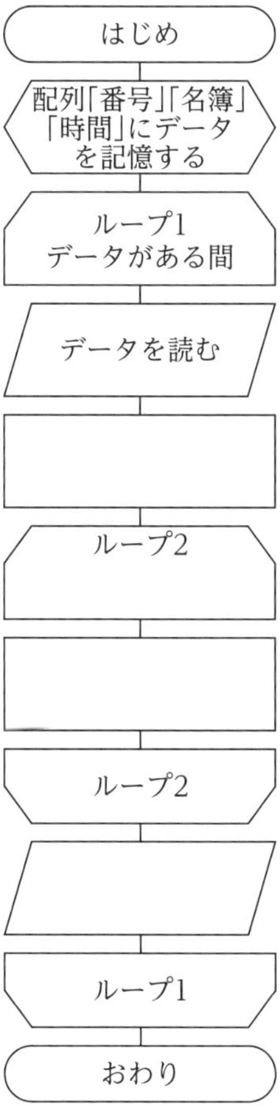
はじめ
配列「番号」「名簿」「時間」にデータを記憶する
ループ1
データがある間
データを読む
ループ2
ループ2
ループ1
おわり

問題 2–4 通学時間をもとに遠方ランクを探索して表示するために，正しい順番に並べ替え，記入しなさい。通学時間が20分まではCランク，50分まではBランク，それ以上はAランクである

入力データ	実行結果	
（通学時間）	（時間）	（ランク）
20	20	C
60	60	A
45	45	B

時間

(0)	(1)	(2)
20	50	999

ランク

(0)	(1)	(2)
C	B	A

・0 → i　　・通学時間，ランク(i)を表示する
・i + 1 → i　　・通学時間 > 時間(i) の間

解答

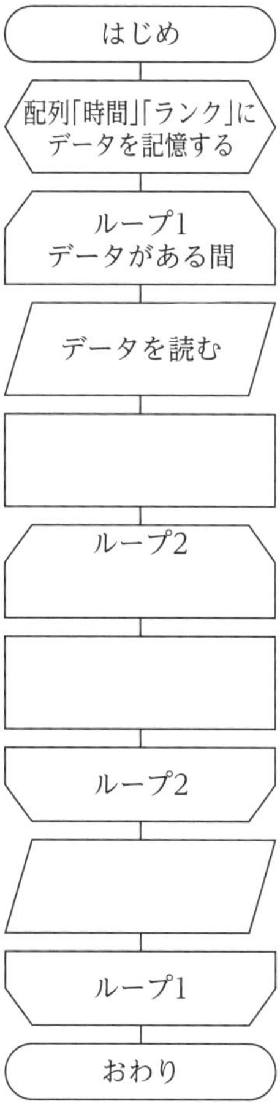
はじめ
配列「時間」「ランク」にデータを記憶する
ループ1
データがある間
データを読む
ループ2
ループ2
ループ1
おわり

3 グループトータル

例題 3　グループトータル

図書館の滞在時間を人ごとに集計して表示するために，正しい順番に並べ替え，記入しなさい。

入力データ

（氏名）	（時間）
齋藤あい	90
齋藤あい	55
齋藤あい	150
南知梨	70
金原実郁	30
金原実郁	45

実行結果

（氏名）	（時間）
齋藤あい	90
齋藤あい	55
齋藤あい	150
（小計）	295
南知梨	70
（小計）	70
金原実郁	30
金原実郁	45
（小計）	75
（総計）	440

解答

はじめ
0 → 総計
データを読む
ループ1
データがある間
氏名 → 保存
0 → 小計
ループ2
氏名 ＝ 保存の間
氏名，時間を
表示する
小計 ＋ 時間 → 小計
データを読む
ループ2
小計を表示する
総計 ＋ 小計 → 総計
ループ1
総計を表示する
おわり

- ・総計 ＋ 小計 → 総計
- ・小計 ＋ 時間 → 小計
- ・氏名 → 保存
- ・小計を表示する
- ・総計を表示する
- ・0 → 小計
- ・0 → 総計

ループ２の前
グループを保存し，
小計をゼロにする
ループ２の継続条件
グループが同じ間，
ループを続ける
ループ２の中
データをひとつ読ん
では足し算
ループ２の後
小計を表示し，総計
の足し算をする

合計の処理を発展させたのが**グループトータル**（グループ集計）です。ポイントは，ループ２の前にグループ名（またはグループ番号など）を保存しておき，グループが変わったかの判定をするところです。

問題 3-1 図書館の滞在時間を人ごとに集計して表示するために，正しい順番に並べ替え，記入しなさい。

入力データ

（氏名）	（時間）
齋藤あい	90
齋藤あい	55
齋藤あい	150
南知梨	70
金原実郁	30
金原実郁	45

実行結果

（氏名）	（時間）
齋藤あい	90
齋藤あい	55
齋藤あい	150
（小計）	295
南知梨	70
（小計）	70
金原実郁	30
金原実郁	45
（小計）	75

解答

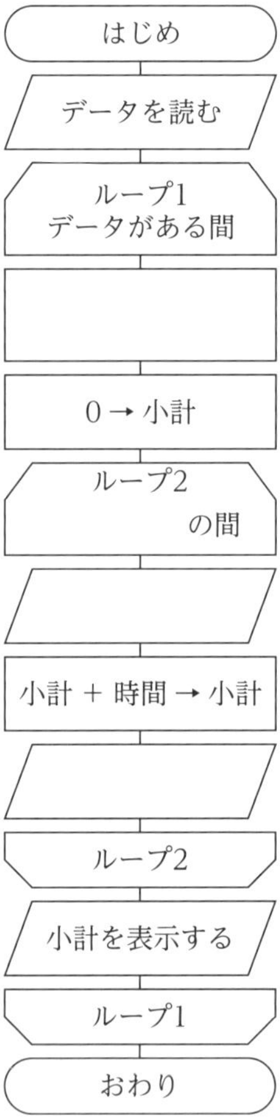

はじめ
データを読む
ループ1
データがある間
0 → 小計
ループ2
の間
小計 ＋ 時間 → 小計
ループ2
小計を表示する
ループ1
おわり

- ・データを読む
- ・氏名 ＝ 保存
- ・氏名 → 保存
- ・氏名，時間を表示する

ポイント！　ループ２の考え方

氏名 ＝ 保存 → 同じグループが続いているので，ループ継続

氏名 ≠ 保存 → グループが変わったので，ループ終了

問題 3-2 図書館の滞在時間を人ごとに集計して表示するために，正しい順番に並べ替え，記入しなさい。

入力データ

（氏名）	（時間）
齋藤あい	90
齋藤あい	55
齋藤あい	150
南知梨	70
金原実郁	30
金原実郁	45

実行結果

（氏名）	（時間）
齋藤あい	295
南知梨	70
金原実郁	75
（総計）	440

・総計 + 小計 → 総計　・0 → 小計
・小計 + 時間 → 小計　・総計を表示する
・0 → 総計　・保存，小計を表示する

解答

はじめ
データを読む
ループ1
データがある間
氏名 → 保存
ループ2
氏名 ＝ 保存の間
データを読む
ループ2
ループ1
おわり

問題 3-3 図書館の滞在時間を人ごとに集計して表示するために，正しい順番に並べ替え，記入しなさい。

入力データ

（氏名）	（時間）
齋藤あい	90
齋藤あい	55
齋藤あい	150
南知梨	70
金原実郁	30
金原実郁	45

実行結果

（氏名）	（時間）
齋藤あい	90
齋藤あい	55
齋藤あい	150
齋藤あい〈小計〉	295
南知梨	70
南知梨〈小計〉	70
金原実郁	30
金原実郁	45
金原実郁〈小計〉	75
（総計）	440

・0 → 小計
・総計を表示する
・氏名 → 保存
・保存，“〈小計〉”，小計を表示する
・小計 + 時間 → 小計
・総計 + 時間 → 総計

解答

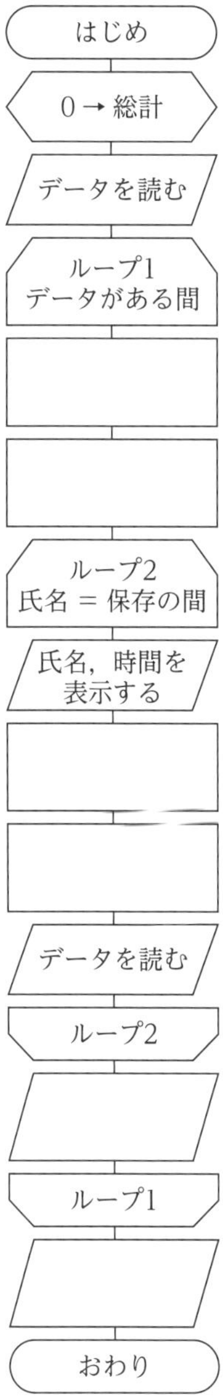

はじめ
0 → 総計
データを読む
ループ1
データがある間
ループ2
氏名 ＝ 保存の間
氏名，時間を表示する
データを読む
ループ2
ループ1
おわり

ポイント！ グループが変わったときに行われる処理のことを，コントロールブレイクと呼ぶことがあります。

4 二分探索

例題 4　二分探索

市町村番号から市町村名を探索して表示するために，正しい順番に並べ替え，記入しなさい。ただし，入力データにはエラーが存在する場合もある。

入力データ（コード）	実行結果（市町村名）
2386	長久手市
2017	豊橋市
2033	一宮市
2419	エラー

- (下限 + 上限) ÷ 2 → 中央
- 6 → 上限
- 市町村(中央) を表示する

番号	(0)	(1)	(2)	(3)	(4)	(5)	(6)
	1002	2017	2025	2033	2114	2301	2386

市町村	(0)	(1)	(2)	(3)	(4)	(5)	(6)
	名古屋市	豊橋市	岡崎市	一宮市	豊田市	日進市	長久手市

解答

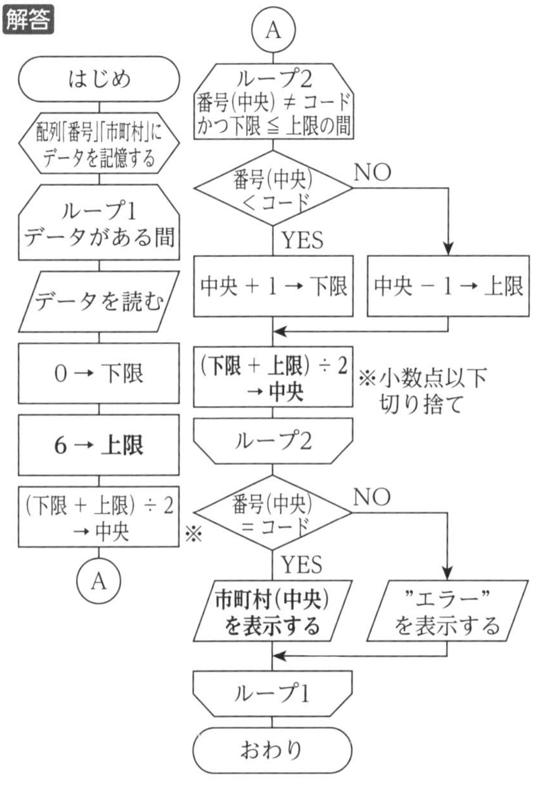
はじめ
配列「番号」「市町村」にデータを記憶する
ループ1 データがある間
データを読む
0 → 下限
6 → 上限
(下限 + 上限) ÷ 2 → 中央
※
A
A
ループ2 番号(中央) ≠ コード かつ下限 ≦ 上限の間
番号(中央) < コード
NO
YES
中央 + 1 → 下限
中央 − 1 → 上限
(下限 + 上限) ÷ 2 → 中央
※小数点以下切り捨て
ループ2
番号(中央) = コード
NO
YES
市町村(中央) を表示する
"エラー" を表示する
ループ1
おわり

配列のデータが昇順または降順に並んでいるとき，配列の中央と探したいデータを比較して探索する**二分探索**を活用できます。

探索準備　配列の先頭の添字 → 下限
　　　　　配列の末尾の添字 → 上限
　　　　　(下限 + 上限) ÷ 2 → 中央

探索処理(ループ2)
　　配列の中央の値と探したいデータが一致 → 終了
　　探したいデータが上限側にある → 下限を変更
　　探したいデータが下限側にある → 上限を変更

その後，再び中央を求める。一致するまで繰り返します。

問題 4-1 市町村番号から市町村名を探索して表示するために，正しい順番に並べ替え，記入しなさい。ただし，入力データにはエラーは存在しないものとする。

入力データ（コード）	実行結果（市町村名）
2386	長久手市
2017	豊橋市
2033	一宮市
1002	名古屋市

- 中央 − 1 → 上限
- 中央 + 1 → 下限
- 0 → 下限
- (下限 + 上限) ÷ 2 → 中央
- 番号(中央) ≠ コード

番号	(0)	(1)	(2)	(3)	(4)	(5)	(6)
	1002	2017	2025	2033	2114	2301	2386

市町村	(0)	(1)	(2)	(3)	(4)	(5)	(6)
	名古屋市	豊橋市	岡崎市	一宮市	豊田市	日進市	長久手市

解答

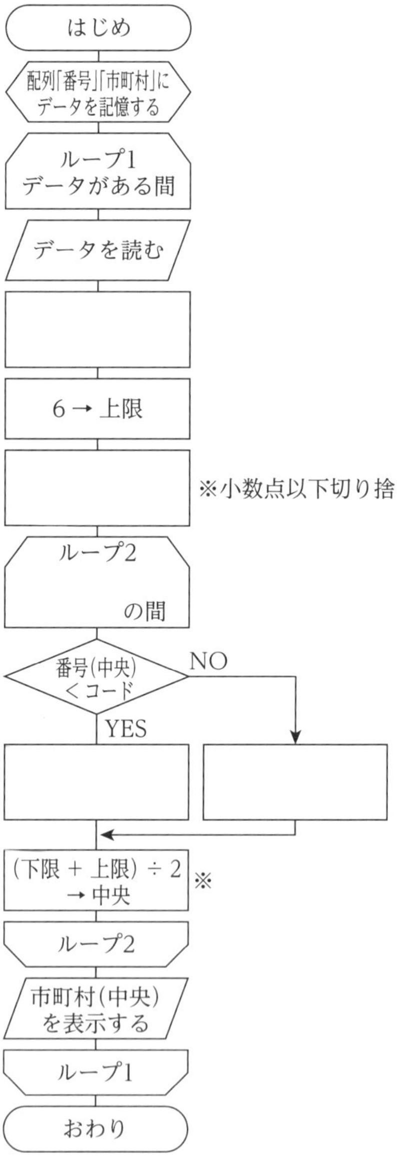
はじめ
配列「番号」「市町村」にデータを記憶する
ループ1 データがある間
データを読む
6 → 上限
※小数点以下切り捨て
ループ2
の間
番号(中央) < コード
NO
YES
(下限 + 上限) ÷ 2 → 中央
※
ループ2
市町村(中央) を表示する
ループ1
おわり

問題 4-2 生徒番号から部員名を探索して表示するために，正しい順番に並べ替え，記入しなさい。ただし，入力データにはエラーは存在しないものとする。

入力データ（生徒番号）	実行結果（部員名）
2419	齋藤あい
2630	南知梨
2512	金原実郁

※問題4-2および4-3で，配列は同様とする。

問題 4-3 生徒番号から部員名を探索して表示するために，正しい順番に並べ替え，記入しなさい。ただし，入力データにはエラーが存在する場合もある。

入力データ（生徒番号）	実行結果（部員名）
2419	齋藤あい
2630	南知梨
2512	金原実郁
2238	エラー

	(0)	(1)	(2)	(3)	(4)	(5)	(6)	(7)	(8)	(9)
番号	2337	2419	2424	2425	2427	2509	2511	2512	2513	2630
部員	村松春奈	齋藤あい	鈴木貴大	竹下榛南	出川巧	加藤恭也	加藤雅夕	金原実郁	菊池二千翔	南知梨

（問題 4-2）
- 番号(naka) ≠ 生徒番号 の間
- 9 → ue
- データがある間
- naka + 1 → shita

（問題 4-3）
- 番号(c) ≠ 生徒番号
- (k + j) ÷ 2 → c
- 9 → j
- c - 1 → j
- k > j
- 番号(c) > 生徒番号

解答（問題 4-2）

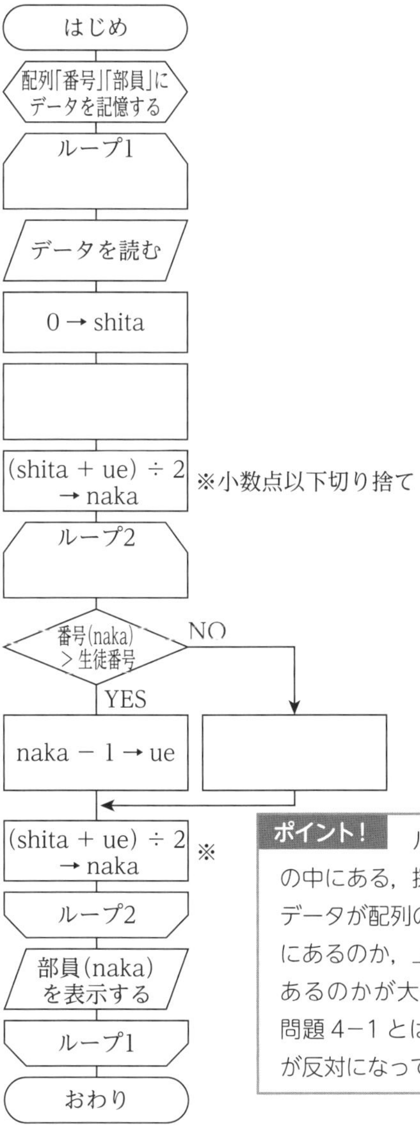

はじめ
配列「番号」「部員」にデータを記憶する
ループ1
データを読む
0 → shita
(shita + ue) ÷ 2 → naka
※小数点以下切り捨て
ループ2
番号(naka) > 生徒番号
NO
YES
naka − 1 → ue
(shita + ue) ÷ 2 → naka
※
ループ2
部員(naka) を表示する
ループ1
おわり

ポイント！ ループ2の中にある，探したいデータが配列の下限側にあるのか，上限側にあるのかが大切です。問題 4−1 とは不等号が反対になっています。

解答（問題 4-3）

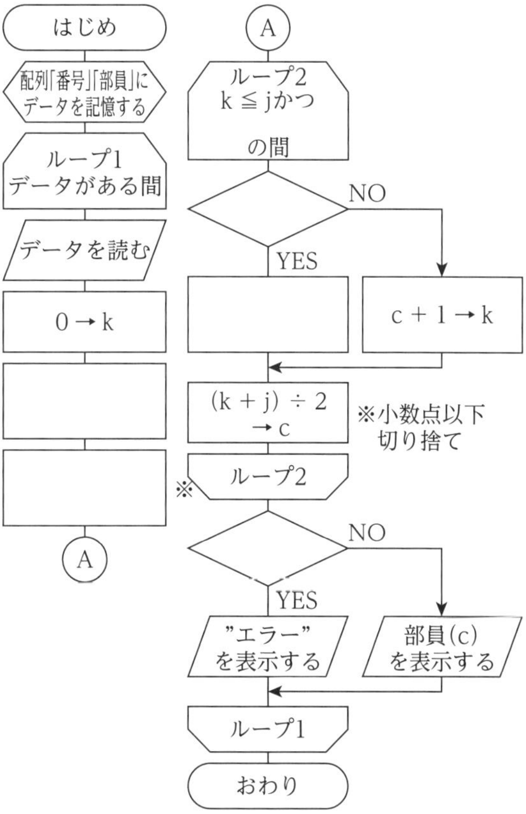

はじめ
配列「番号」「部員」にデータを記憶する
ループ1 データがある間
データを読む
0 → k
A
A
ループ2 k ≦ jかつ の間
NO
YES
c + 1 → k
(k + j) ÷ 2 → c
※小数点以下切り捨て
※
ループ2
NO
YES
"エラー" を表示する
部員(c) を表示する
ループ1
おわり

5 演習問題1

問題 5-1 生徒会役員選挙の投票結果を集計して表示するために，正しい順番に並べ替え，記入しなさい。ただし，入力データは番号，学年，組の昇順に整列されている。

入力データ

番号 (Ban)	候補者名 (Mei)	学年 (Nen)	組 (Kumi)	票数 (Hyou)
××	×××××××	×	×	××

実行結果

（生徒会役員選挙 組別投票結果集計表）

(番号)	(候補者名)	(学年)	(組)	(票数)
1	近藤秀祐			
		1	1	19
		≀	≀	≀
1	近藤秀祐		(小計)	505
2	佐護龍成			
		1	1	4
		≀	≀	≀
2	佐護龍成		(小計)	227
≀	≀	≀	≀	≀
			(総計)	835

・Bhozon，Mhozon，Shoukei　・Soukei
・Ban，Mei　・0 → Shoukei
・Ban → Bhozon　・0 → Soukei

解答

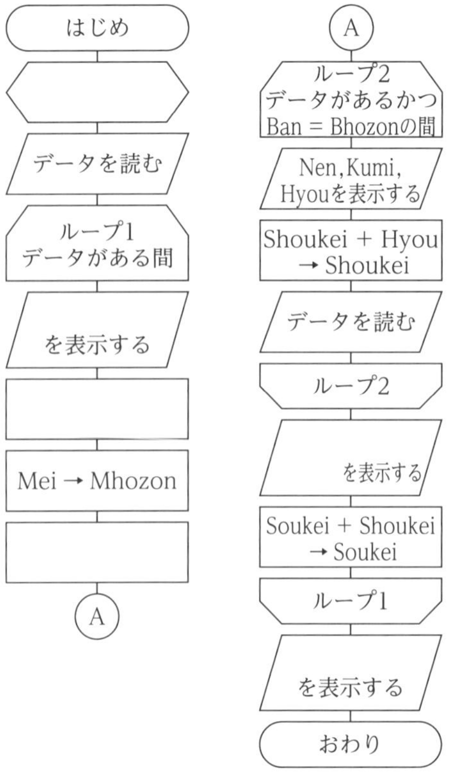

はじめ
データを読む
ループ1
データがある間
を表示する
Mei → Mhozon
A
A
ループ2
データがあるかつ
Ban = Bhozonの間
Nen,Kumi,
Hyouを表示する
Shoukei + Hyou
→ Shoukei
データを読む
ループ2
を表示する
Soukei + Shoukei
→ Soukei
ループ1
を表示する
おわり

問題 5-2 生徒番号から部員名を探索して表示するために，正しい順番に並べ替え，記入しなさい。ただし，入力データにはエラーは存在しないものとする。

入力データ

生徒番号 (Bangou)
××××

実行結果

（新人大会出場選手表）

(番号)	(部員名)
1311	北河紗衣
1227	中田こず衣
1501	石川綾音

	(0)	(1)	(2)	(3)	(4)	(5)
Ban	1119	1227	1311	1501	1505	1540
Mei	立石野乃	中田こず衣	北河紗衣	石川綾音	今泉伶菜	渡辺桃菜

解答

・1 → Sw
・0 → Sw
・Chuuou + 1 → Kagen
・Chuuou - 1 → Jougen

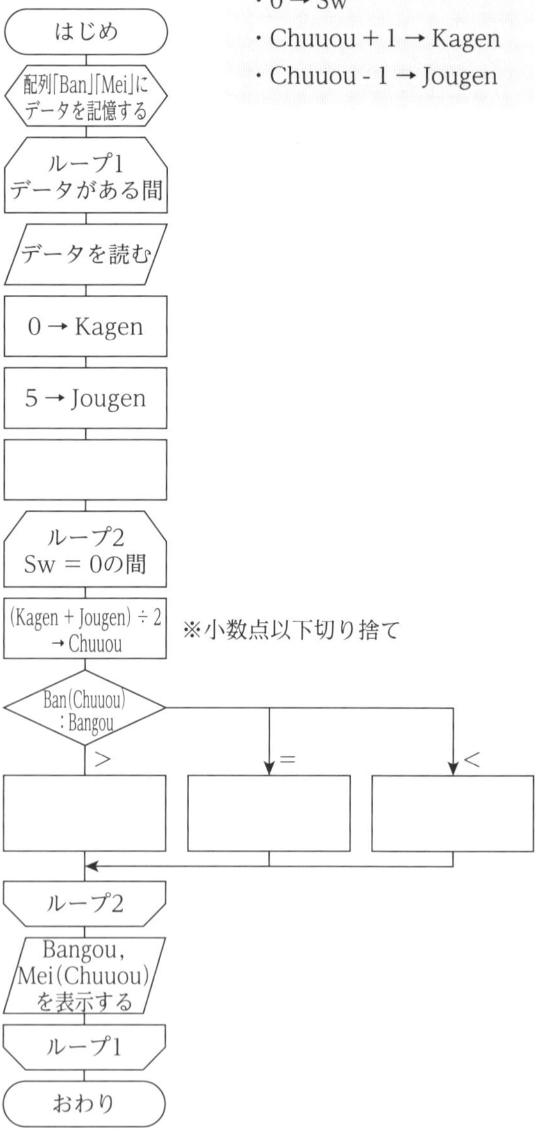

はじめ
配列「Ban」「Mei」に
データを記憶する
ループ1
データがある間
データを読む
0 → Kagen
5 → Jougen
ループ2
Sw = 0の間
(Kagen + Jougen) ÷ 2
→ Chuuou
※小数点以下切り捨て
Ban(Chuuou)
: Bangou
>
=
<
ループ2
Bangou,
Mei(Chuuou)
を表示する
ループ1
おわり

問題 5-3 学校購買部の売上データを集計して購入者別の購入金額を表示するために，正しい順番に並べ替え，記入しなさい。ただし，入力データは生徒番号の昇順に整列されている。

入力データ

番号 (Bangou)	商品名 (Hin)	金額 (Kin)
××××	×××××	×××

Ban

(0)	(1)	(2)	(3)	(4)	(5)
1119	1227	1311	1501	1505	1540

Mei

(0)	(1)	(2)	(3)	(4)	(5)
立石野乃	中田こず衣	北河紗衣	石川綾音	今泉伶菜	渡辺桃菜

- Sou + Shou → Sou
- Ban(Chuu) > Bangou
- 0 → Ka
- 0 → Shou
- Bangou = Bhoz
- Mei(Chuu)

実行結果

(学校購買部 購入者別集計表)		
(購入者名)	(品名)	(金額)
立石野乃		
	おにぎり	110
	～	～
立石野乃	(小計)	1,630
今泉伶菜		
	ジュース	120
	～	～
今泉伶菜	(小計)	2,700
	～	～
	(総計)	35,160

解答

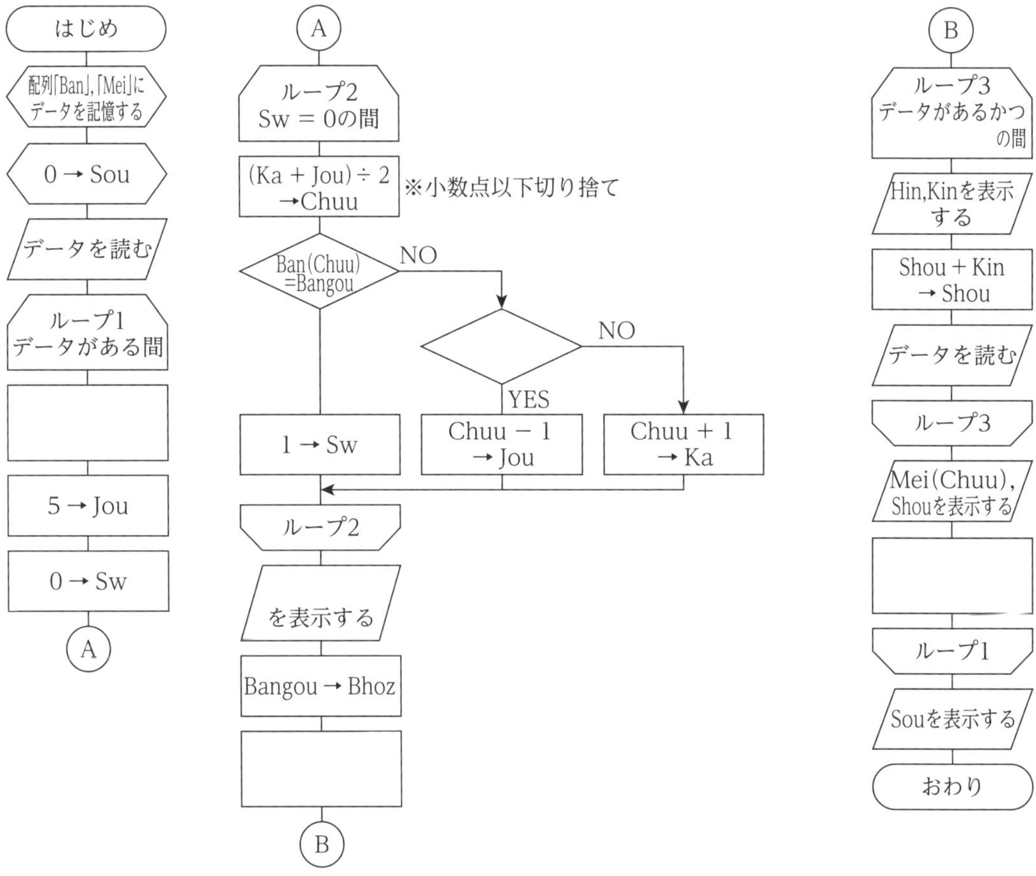

はじめ
配列「Ban」,「Mei」にデータを記憶する
0 → Sou
データを読む
ループ1 データがある間
5 → Jou
0 → Sw
A
A
ループ2 Sw = 0の間
(Ka + Jou) ÷ 2 →Chuu
※小数点以下切り捨て
Ban(Chuu) =Bangou
NO
NO
YES
1 → Sw
Chuu − 1 → Jou
Chuu + 1 → Ka
ループ2
を表示する
Bangou → Bhoz
B
B
ループ3 データがあるかつ の間
Hin,Kinを表示する
Shou + Kin → Shou
データを読む
ループ3
Mei(Chuu), Shouを表示する
ループ1
Souを表示する
おわり

ポイント! グループトータルと二分探索の複合問題です。どちらの処理に該当するのかを理解しながら問題を解くと分かりやすくなります。

6 多次元配列

覚えよう!

1次元配列は，これまで学習してきた，添字がひとつの配列です。平屋(1階)建ての集合住宅を想像すると感覚が捉えやすくなります。

これに対し，添字がふたつの**2次元配列**を活用すれば，扱うデータの種類が大幅に広がります。2階建て以上の集合住宅を想像しましょう。

人数	(0)	(1)	(2)	(3)

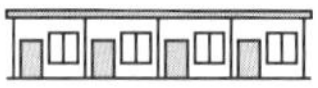

人数	(0)	(1)	(2)	(3)
(0)				
(1)				
(2)				

例題 6 多次元配列

1年1組から3年7組までの人数を順に表示するために，正しい順番に並べ替え，記入しなさい。

実行結果

(年)	(組)	(人数)
1	1	38
1	2	37
∫	∫	∫
3	7	36

人数	(0)	(1)	(2)	(3)	(4)	(5)	(6)	(7)	
(0)									※
(1)		38	37	39	39	39	38	38	
(2)		35	39	38	38	39	38	38	
(3)		35	35	32	35	34	36	36	

(不使用)　　※の行(不使用)

解答

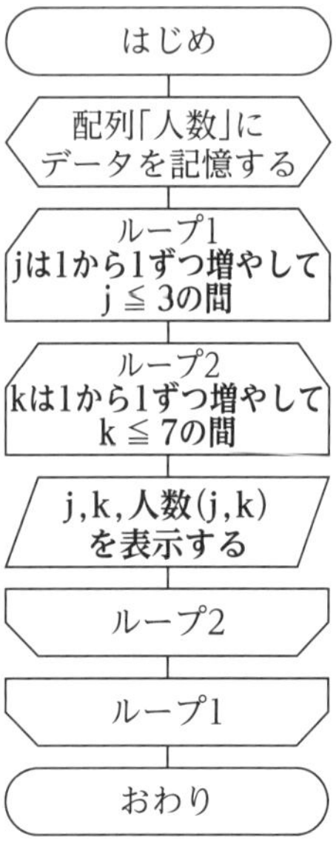

・j，k，人数(j，k)を表示する
・jは1から1ずつ増やしてj ≦ 3の間
・kは1から1ずつ増やしてk ≦ 7の間

問題 6-1 生徒会役員選挙当選者の得票数を立候補者別学年別に表示するために，正しい順番に並べ替え，記入しなさい。

実行結果

(当選者)	(1年生)	(2年生)	(3年生)
近藤秀祐	159	161	185
佐護龍成	83	71	73

当選者	
(0)	
(1)	近藤秀祐
(2)	佐護龍成

票数	(0)	(1)	(2)	(3)
(0)				
(1)		159	161	185
(2)		83	71	73

・票数(j，k)を表示する
・当選者(j)を表示する
・改行処理をする

解答

※改行をしない

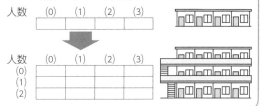

問題 6-2 修学旅行先の希望人数を２次元配列に集計してから表示するために，正しい順番に並べ替え，記入しなさい。

入力データ

(月)	(コード)	(都道府県名)
5	38	愛媛県
10	42	長崎県
1	26	京都府
8	1	北海道
10	34	広島県
≀	≀	≀

実行結果

(月)	(北海道)	～	(沖縄県)
1	33	～	25
2	19	～	16
≀	≀	≀	≀

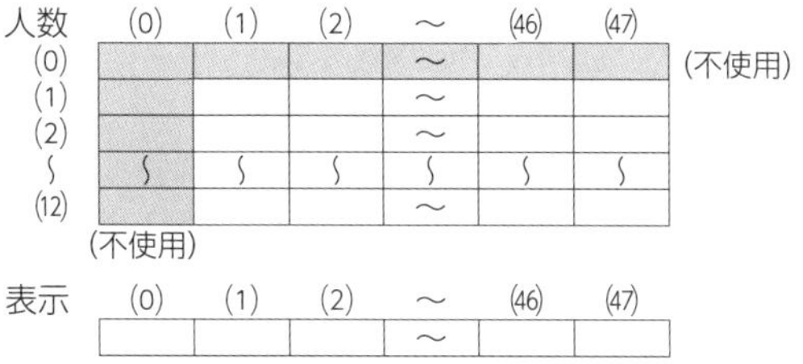

人数
(0) (1) (2) ～ (46) (47)
(0) (1) (2) (12)
(不使用)
(不使用)
表示
(0) (1) (2) ～ (46) (47)

・人数(月，コード) + 1 → 人数(月，コード)
・表示(0)～表示(47) を表示する
・人数(ｊ，ｋ) → 表示(ｋ)

解答

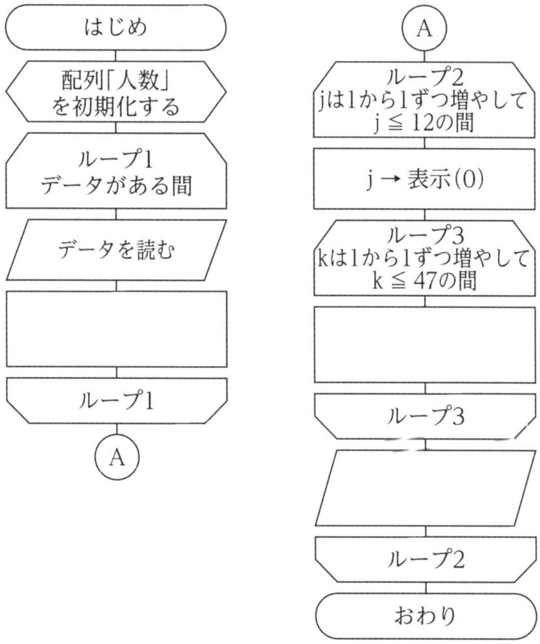

はじめ
配列「人数」を初期化する
ループ1 データがある間
データを読む
ループ1
A
A
ループ2 jは1から1ずつ増やして j ≦ 12の間
j → 表示(0)
ループ3 kは1から1ずつ増やして k ≦ 47の間
ループ3
ループ2
おわり

問題 6-3 修学旅行先の希望人数を２次元配列に集計してから表示するために，正しい順番に並べ替え，記入しなさい。

入力データ

(月)	(コード)	(都道府県名)
5	38	愛媛県
10	42	長崎県
1	26	京都府
8	1	北海道
10	34	広島県
≀	≀	≀

実行結果

(月)	(北海道)	～	(沖縄県)	(合計)
1	33	～	25	93
2	19	～	16	75
≀	≀	≀	≀	≀
合計	258	～	220	990

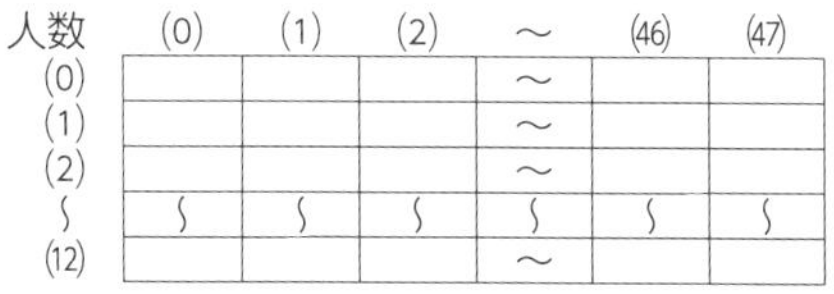

人数
(0) (1) (2) ～ (46) (47)
(0) (1) (2) (12)

・"合計"，人数(0，1)～人数(0，47)，人数(0，0)
・人数(月，0) + 1 → 人数(月，0)
・人数(0，コード) + 1 → 人数(0，コード)

解答

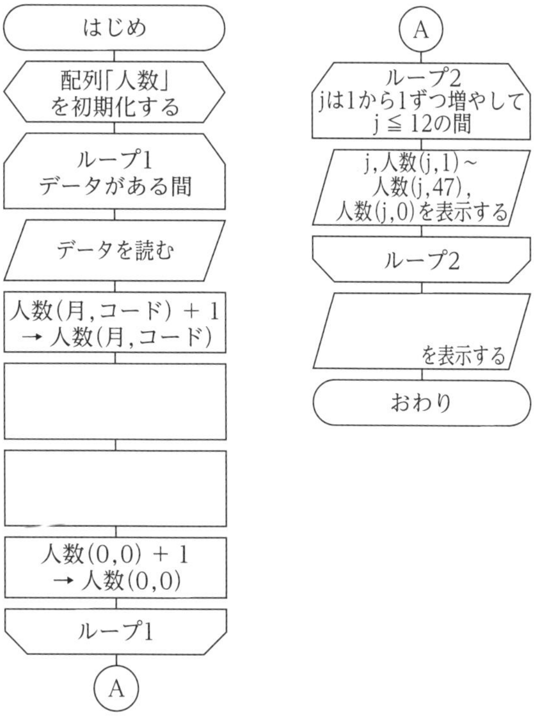

はじめ
配列「人数」を初期化する
ループ1 データがある間
データを読む
人数(月,コード) + 1 → 人数(月,コード)
人数(0,0) + 1 → 人数(0,0)
ループ1
A
A
ループ2 jは1から1ずつ増やして j ≦ 12の間
j,人数(j,1)～人数(j,47),人数(j,0)を表示する
ループ2
を表示する
おわり

7 順位付け1

覚えよう!

定義済処理

別の場所で定義された処理の呼び出し

例題 7 順位付け1

次の６人の獲得ポイントを降順に順位付けして表示するために，正しい順番に並べ替え，記入しなさい。ただし，入力データはポイントの降順に整列されている。

入力データ

（氏名）	（ポイント）
齋藤あい	97
竹下榛南	71
加藤雅夕	66
南知梨	66
金原実郁	53
村松春奈	51

実行結果

（氏名）	（ポイント）	（順位）
齋藤あい	97	1
竹下榛南	71	2
加藤雅夕	66	3
南知梨	66	3
金原実郁	53	5
村松春奈	51	6

・n → 順位
・999 → 保存
・ポイント < 保存

解答

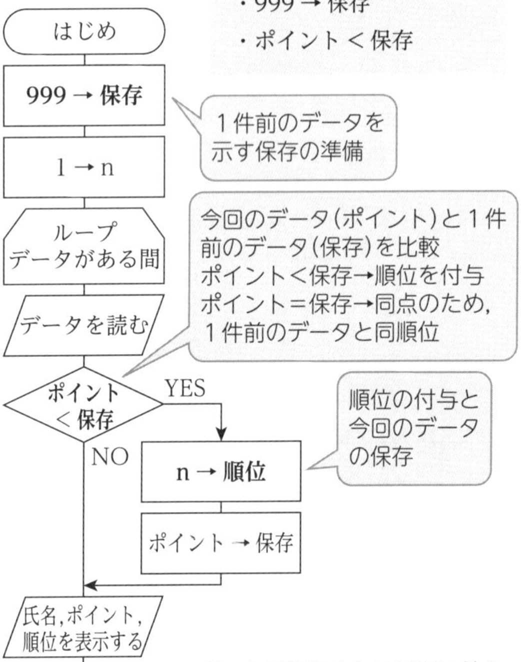

はじめ
999 → 保存
1件前のデータを示す保存の準備
1 → n
ループ データがある間
データを読む
今回のデータ（ポイント）と1件前のデータ（保存）を比較
ポイント＜保存→順位を付与
ポイント＝保存→同点のため，1件前のデータと同順位
ポイント ＜保存
YES
NO
n → 順位
順位の付与と今回のデータの保存
ポイント → 保存
氏名,ポイント,順位を表示する

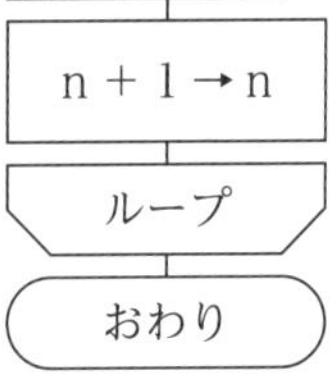

n＋1 → n
ループ
おわり

データが降順または昇順に並んでいるときの順位付け処理です。今回のデータと１件前のデータを比較し，同点であれば１件前のデータと同順位にし，点数が異なれば新たな順位を付与します。

問題 7-1 次の６人の獲得ポイントを降順に順位付けして表示するために，正しい順番に並べ替え，記入しなさい。ただし，入力データはポイントの降順に整列されている。

入力データ

（氏名）	（ポイント）
齋藤あい	97
竹下榛南	71
加藤雅夕	66
南知梨	66
金原実郁	53
村松春奈	51

実行結果

（氏名）	（ポイント）	（順位）
齋藤あい	97	1
竹下榛南	71	2
加藤雅夕	66	3
南知梨	66	3
金原実郁	53	5
村松春奈	51	6

・1 → 順位
・n＋1 → n
・ポイント → 保存
・ポイント < 保存

解答

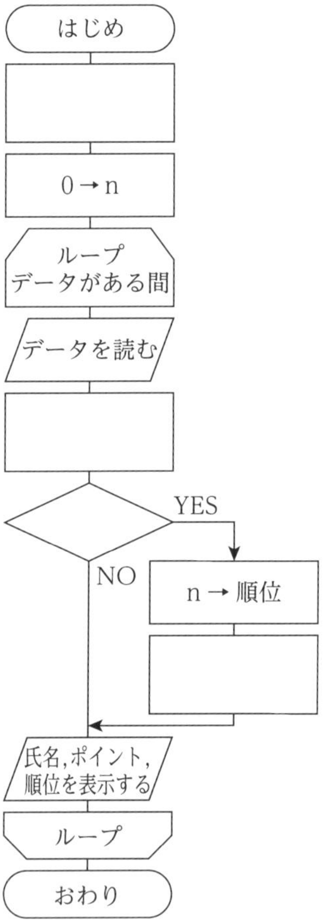

はじめ
0 → n
ループ データがある間
データを読む
YES
NO
n → 順位
氏名,ポイント,順位を表示する
ループ
おわり

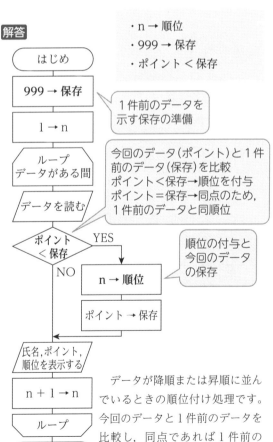

問題 7-2 次の６人の獲得ポイントを降順に順位付けして表示するために，正しい順番に並べ替え，記入しなさい。ただし，配列「ポイント」内のデータは降順に整列されている。

実行結果

（氏名）	（ポイント）	（順位）
齋藤あい	97	1
竹下榛南	71	2
加藤雅夕	66	3
南知梨	66	3
金原実郁	53	5
村松春奈	51	6

名簿

(0)	(1)	(2)	(3)	(4)	(5)
齋藤あい	竹下榛南	加藤雅夕	南知梨	金原実郁	村松春奈

ポイント

(0)	(1)	(2)	(3)	(4)	(5)
97	71	66	66	53	51

- n＋1 → 順位
- 999 → 保存
- ポイント(n) ＜ 保存

解答

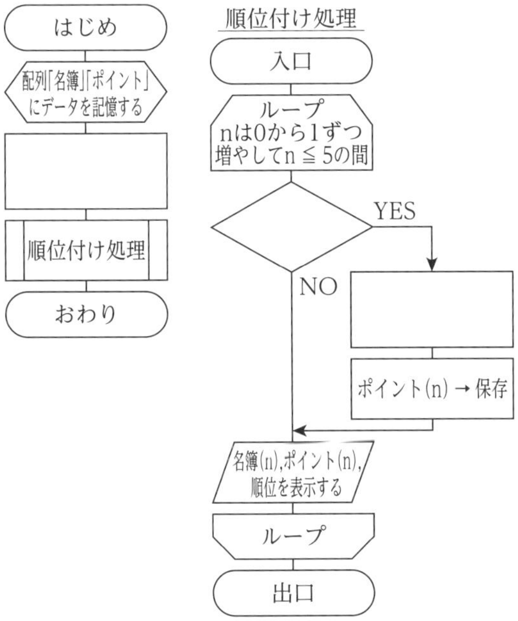

はじめ
配列「名簿」「ポイント」にデータを記憶する
順位付け処理
おわり
順位付け処理
入口
ループ nは0から1ずつ増やしてn ≦ 5の間
YES
NO
ポイント(n) → 保存
名簿(n),ポイント(n),順位を表示する
ループ
出口

問題 7-3 次の６人の獲得ポイントを降順に順位付けして表示するために，正しい順番に並べ替え，記入しなさい。ただし，配列「ポイント」内のデータは降順に整列されている。

実行結果

（氏名）	（ポイント）	（順位）
齋藤あい	97	1
竹下榛南	71	2
加藤雅夕	66	3
南知梨	66	3
金原実郁	53	5
村松春奈	51	6

名簿

(0)	(1)	(2)	(3)	(4)	(5)
齋藤あい	竹下榛南	加藤雅夕	南知梨	金原実郁	村松春奈

ポイント

(0)	(1)	(2)	(3)	(4)	(5)
97	71	66	66	53	51

順位

(0)	(1)	(2)	(3)	(4)	(5)

- ポイント(n) → Hozon
- 順位(n - 1) → 順位(n)
- ポイント(n) ＝ Hozon
- 999 → Hozon

解答

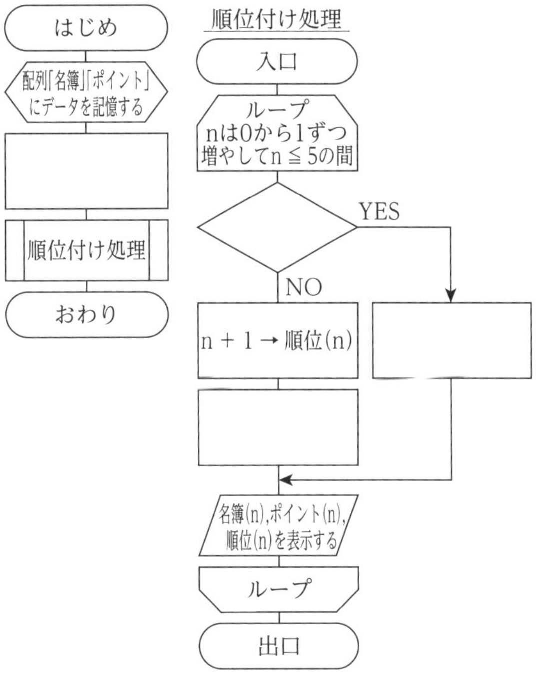

はじめ
配列「名簿」「ポイント」にデータを記憶する
順位付け処理
おわり
順位付け処理
入口
ループ nは0から1ずつ増やしてn ≦ 5の間
YES
NO
n ＋ 1 → 順位(n)
名簿(n),ポイント(n),順位(n)を表示する
ループ
出口

8 順位付け2

例題 8 順位付け2

次の４人の得点を降順に順位付けして表示するために，正しい順番に並べ替え，記入しなさい。

実行結果

(得点)	(順位)
64	3
58	4
77	2
89	1

得点

(0)	(1)	(2)	(3)
64	58	77	89

順位

(0)	(1)	(2)	(3)

・得点(j) ＜ 得点(k)
・順位(j) ＋ 1 → 順位(j)
・1 → 順位(n)

解答

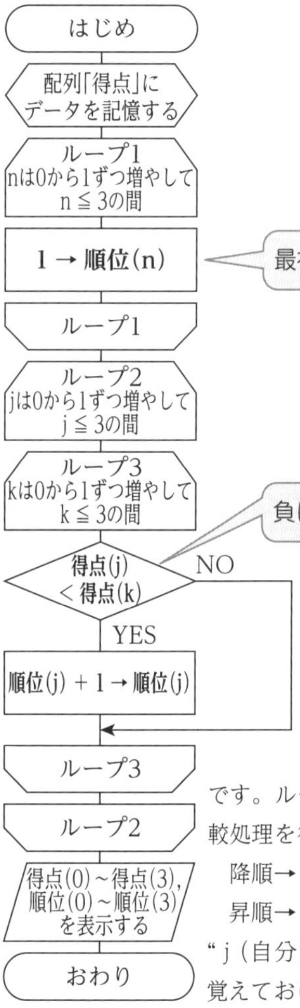

総当たりで比較して順位を付けます。ループ1では順位付けの準備処理を行います。比較前なので，全員１位です。ループ２とループ３では比較処理を行います。

降順→ j（自分）が小さいと ＋1
昇順→ j（自分）が大きいと ＋1
“j（自分）が負けたら ＋1”などと覚えておけば，理解しやすいです。

問題 8-1 以下の処理を，フローチャートとして記入しなさい。

・添字 n を使い，配列「順位」に 1 を記憶させる。

解答

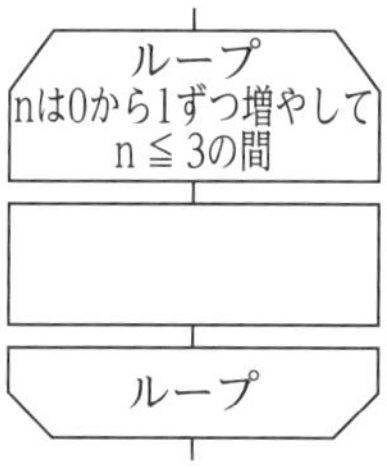

問題 8-2 以下の処理を，フローチャートとして記入しなさい。

・得点(j) が得点(k) よりも小さい場合，順位(j) に 1 を加える。

解答

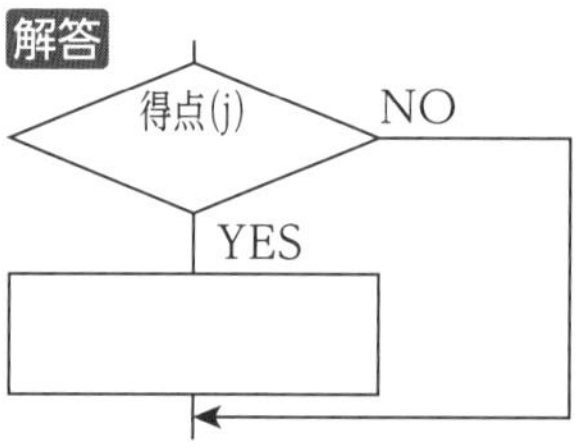

問題 8-3 順位付けを行うフローチャートの添字の組み合わせにおいて，トレースを行いなさい。

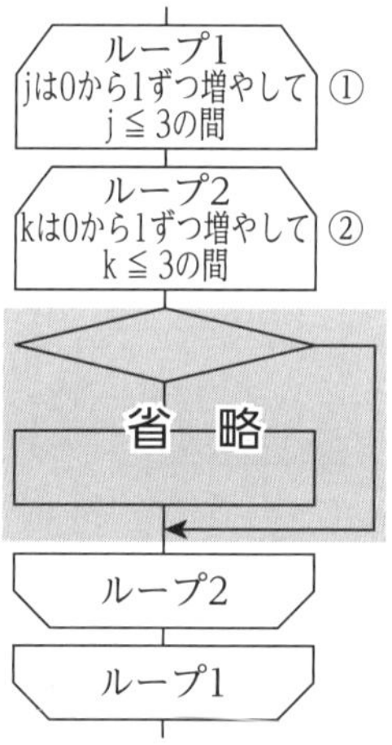

解答

	j	k	
①		—	
②			※
②			※
②			※
②			※
①			
②			※
②			※
②			※
②			※
①			
②			※
②			※
②			※
②			※
①			
②			※
②			※
②			※
②			※

※ j 番目と k 番目を比較し，+1を行う

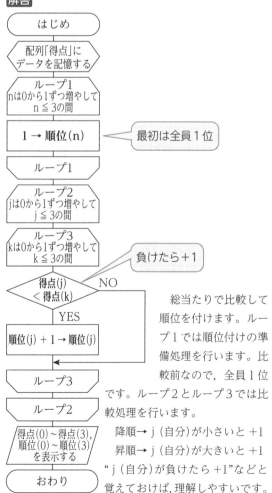

問題 8-4 次の４人の得点を降順に順位付けして表示するために，正しい順番に並べ替え，記入しなさい。

実行結果

（氏名）	（得点）	（順位）
加藤恭也	64	3
菊池二千翔	58	4
鈴木貴大	77	2
出川巧	89	1

	(0)	(1)	(2)	(3)
名簿	加藤恭也	菊池二千翔	鈴木貴大	出川巧
得点	64	58	77	89
順位				

・j ≦ 3
・順位(j) + 1 → 順位(j)
・得点(j) ＜ 得点(k)
・1 → 順位(n)

解答

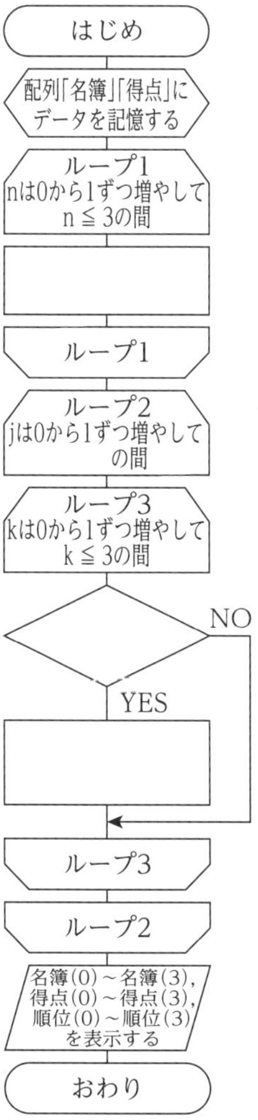
はじめ
配列「名簿」「得点」にデータを記憶する
ループ1
nは0から1ずつ増やしてn ≦ 3の間
ループ1
ループ2
jは0から1ずつ増やして
の間
ループ3
kは0から1ずつ増やしてk ≦ 3の間
NO
YES
ループ3
ループ2
名簿(0)～名簿(3)，得点(0)～得点(3)，順位(0)～順位(3)を表示する
おわり

問題 8-5 以下の処理を，フローチャートとして記入しなさい。

・時間(j)が時間(k)よりも大きい場合，順位(j)に 1 を加える。

解答

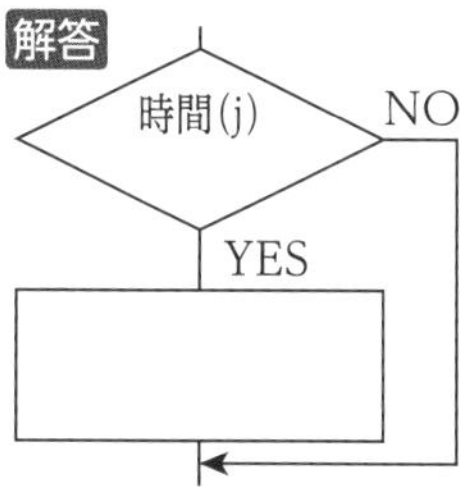
時間(j)
NO
YES

問題 8-6 次の４人の通学時間を昇順に順位付けして表示するために，正しい順番に並べ替え，記入しなさい。

実行結果

（氏名）	（時間）	（到着順）
加藤恭也	60	4
菊池二千翔	20	2
鈴木貴大	5	1
出川巧	20	2

・1 → 順位(n)
・時間(j) ＞ 時間(k)
・順位(j) + 1 → 順位(j)
・k ≦ 3

	(0)	(1)	(2)	(3)
名簿	加藤恭也	菊池二千翔	鈴木貴大	出川巧
時間	60	20	5	20
順位				

解答

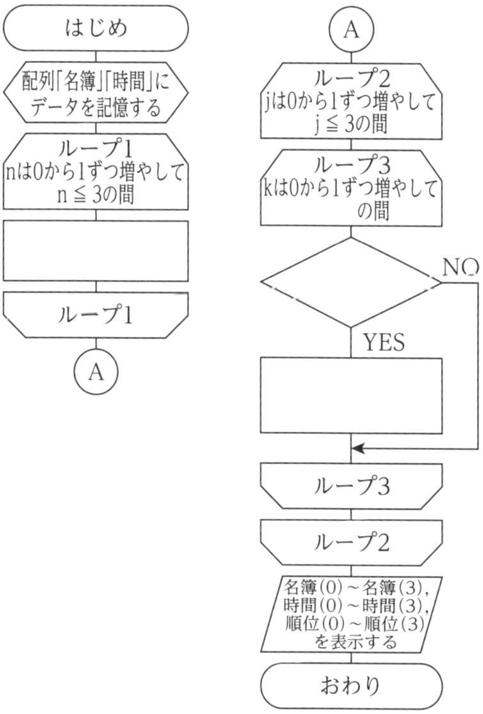
はじめ
配列「名簿」「時間」にデータを記憶する
ループ1
nは0から1ずつ増やしてn ≦ 3の間
ループ1
A
A
ループ2
jは0から1ずつ増やしてj ≦ 3の間
ループ3
kは0から1ずつ増やして
の間
NO
YES
ループ3
ループ2
名簿(0)～名簿(3)，時間(0)～時間(3)，順位(0)～順位(3)を表示する
おわり

9 順位付け3

例題 9 順位付け3

次の４人の得点を降順に順位付けして表示するために，正しい順番に並べ替え，記入しなさい。

実行結果

(得点)	(順位)
64	3
58	4
77	2
89	1

・得点(j) > 得点(k)
・順位(k) + 1 → 順位(k)
・1 → 順位(n)

	(0)	(1)	(2)	(3)
得点	64	58	77	89
順位				

解答

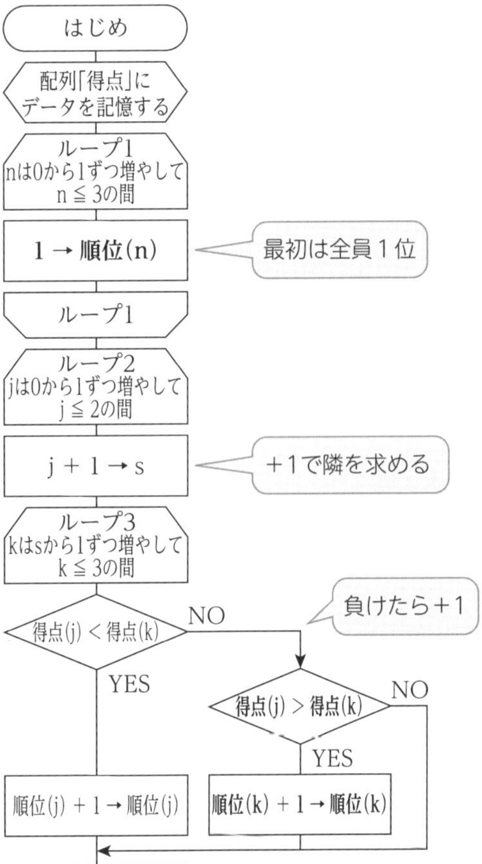

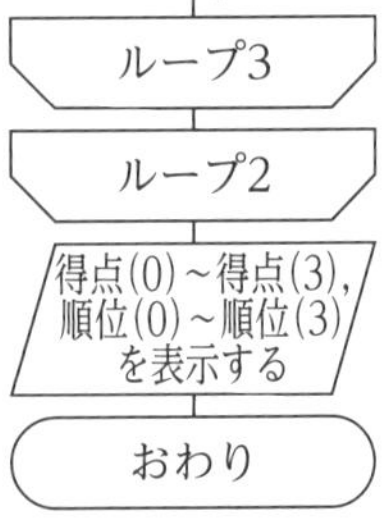

ポイント! 例題８との違いは，自分(j)だけでなく，相手(k)にも +1 の処理を行うところです。フローチャートは複雑になりますが，比較回数は減ります。問題 9-2 で確認しましょう。

問題 9-1 以下の処理を，フローチャートとして記入しなさい。

・得点(j)と得点(k)を比較し，得点(j)が低い場合は順位(j)に，得点(k)が低い場合は順位(k)に，１を加える。

解答

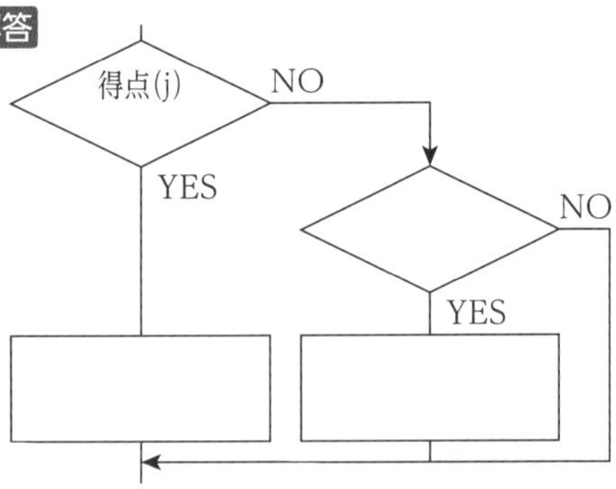

問題 9-2 順位付けを行うフローチャートの添字の組み合わせにおいて，トレースを行いなさい。

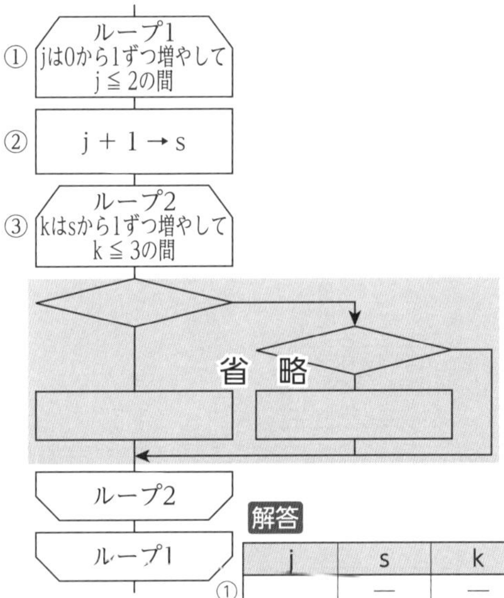

解答

	j	s	k	
①		—	—	
②			—	
③				※
③				※
③				※
①				
②				
③				※
③				※
①				
②				
③				※

※ j 番目と k 番目を比較し，+1を行う

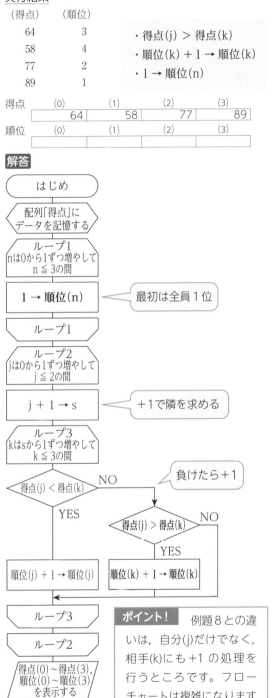

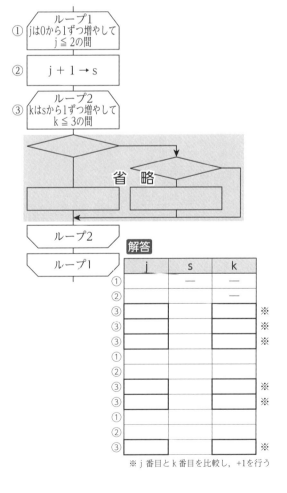

問題 9-3 次の４人の得点を降順に順位付けして表示するために，正しい順番に並べ替え，記入しなさい。

実行結果

（氏名）	（得点）	（順位）
加藤恭也	64	3
菊池二千翔	58	4
鈴木貴大	77	2
出川巧	89	1

名簿

(0)	(1)	(2)	(3)
加藤恭也	菊池二千翔	鈴木貴大	出川巧

得点

(0)	(1)	(2)	(3)
64	58	77	89

順位

(0)	(1)	(2)	(3)

解答

・j + 1 → s
・1 → 順位(n)
・得点(j) > 得点(k)
・順位(j) + 1 → 順位(j)

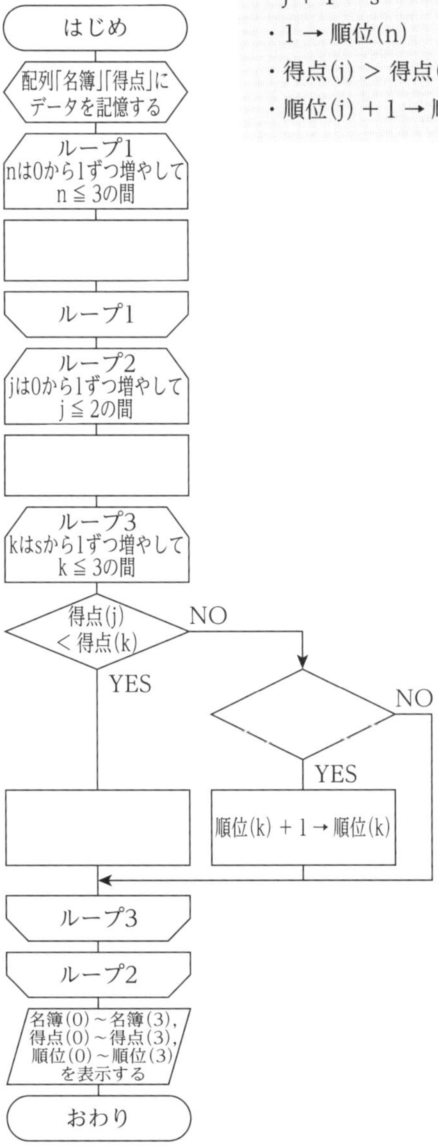

問題 9-4 次の４人の通学時間を昇順に順位付けして表示するために，正しい順番に並べ替え，記入しなさい。また，（　）内に正しい不等号を記入しなさい。

実行結果

（氏名）	（時間）	（到着順）
加藤恭也	60	4
菊池二千翔	20	2
鈴木貴大	5	1
出川巧	20	2

名簿

(0)	(1)	(2)	(3)
加藤恭也	菊池二千翔	鈴木貴大	出川巧

時間

(0)	(1)	(2)	(3)
60	20	5	20

順位

(0)	(1)	(2)	(3)

解答

・j ≦ 2
・順位(k) + 1 → 順位(k)
・1 → 順位(n)
・k ≦ 3

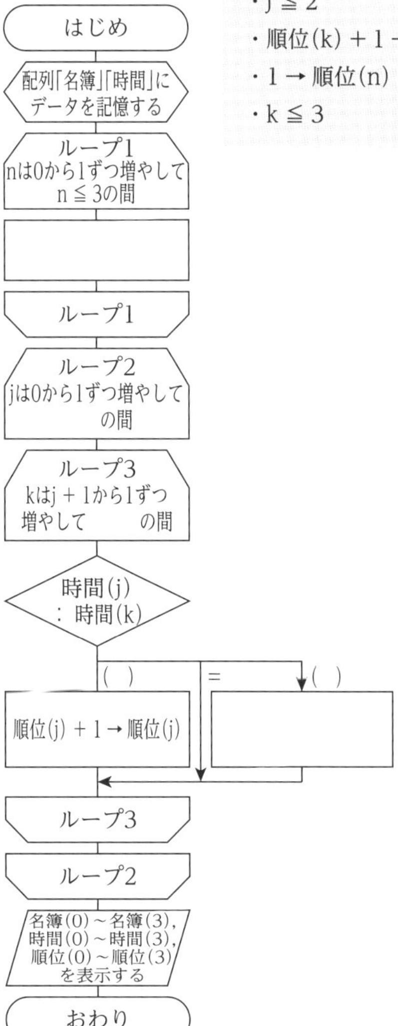

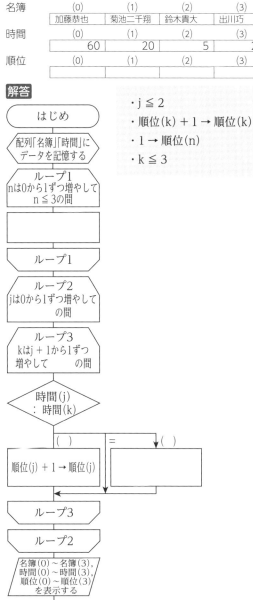

10 演習問題2

問題 10-1 県大会の得点の降順に順位付けして表示するために，正しい順番に並べ替え，記入しなさい。ただし，配列「Ten」内の値は降順に整列されている。

実行結果

	（県大会得点表）	
（順位）	（得点）	（氏名）
1	130	中田こず衣
2	118	北河紗衣
3	107	石川綾音
4	104	立石野乃
4	104	今泉伶菜
6	101	渡辺桃菜

	(0)	(1)	(2)	(3)	(4)	(5)
Mei	中田こず衣	北河紗衣	石川綾音	立石野乃	今泉伶菜	渡辺桃菜
Ten	130	118	107	104	104	101

- ・n + 1 → Jun
- ・999 → Hozon
- ・Ten(n) ≧ Hozon

解答

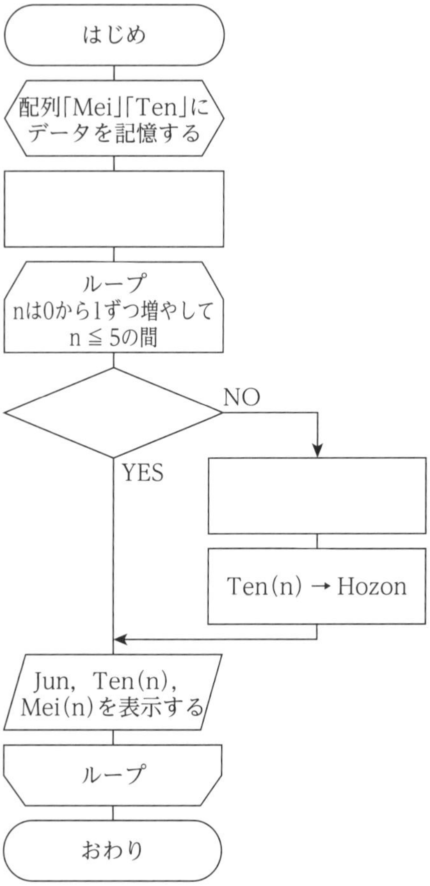

はじめ
配列「Mei」「Ten」に
データを記憶する
ループ
nは0から1ずつ増やして
n ≦ 5の間
NO
YES
Ten(n) → Hozon
Jun，Ten(n)，
Mei(n)を表示する
ループ
おわり

問題 10-2 県大会の得点の降順に順位付けして表示するために，正しい順番に並べ替え，記入しなさい。

実行結果

	（県大会得点表）	
（順位）	（得点）	（氏名）
4	104	立石野乃
1	130	中田こず衣
2	118	北河紗衣
3	107	石川綾音
4	104	今泉伶菜
6	101	渡辺桃菜

	(0)	(1)	(2)	(3)	(4)	(5)
Mei	立石野乃	中田こず衣	北河紗衣	石川綾音	今泉伶菜	渡辺桃菜
Ten	104	130	118	107	104	101
Jun						

- ・1 → Jun(n)
- ・Jun(n)，Ten(n)，Mei(n) を表示する
- ・Ten(p) < Ten(q)
- ・Jun(p) + 1 → Jun(p)

解答

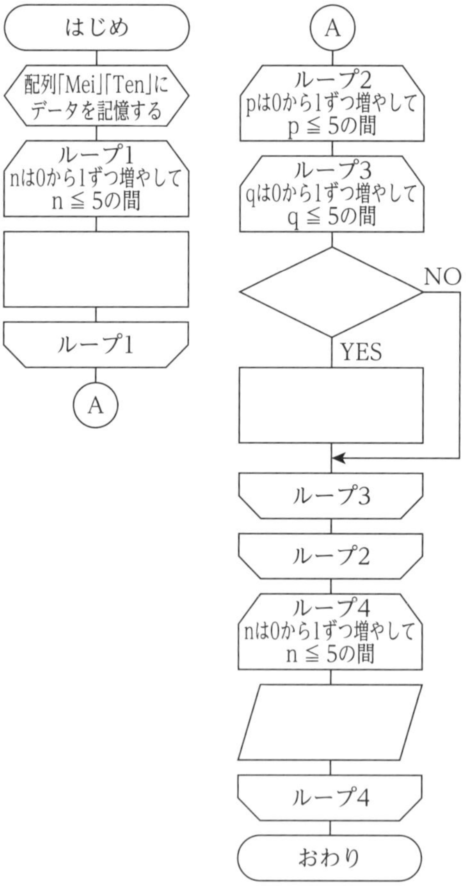

はじめ
配列「Mei」「Ten」に
データを記憶する
ループ1
nは0から1ずつ増やして
n ≦ 5の間
ループ1
A
A
ループ2
pは0から1ずつ増やして
p ≦ 5の間
ループ3
qは0から1ずつ増やして
q ≦ 5の間
NO
YES
ループ3
ループ2
ループ4
nは0から1ずつ増やして
n ≦ 5の間
ループ4
おわり

問題 10-3 県大会の得点の降順に順位付けして表示するために，正しい順番に並べ替え，記入しなさい。

実行結果

（県大会得点表）

（順位）	（得点）	（氏名）
4	104	立石野乃
1	130	中田こず衣
2	118	北河紗衣
3	107	石川綾音
4	104	今泉伶菜
6	101	渡辺桃菜

	(0)	(1)	(2)	(3)	(4)	(5)
Mei	立石野乃	中田こず衣	北河紗衣	石川綾音	今泉伶菜	渡辺桃菜
Ten	104	130	118	107	104	101
Jun						

解答

- ・Jun(p)+1 → Jun(p)
- ・Ten(p) ≧ Ten(q)
- ・1 → Jun(p)

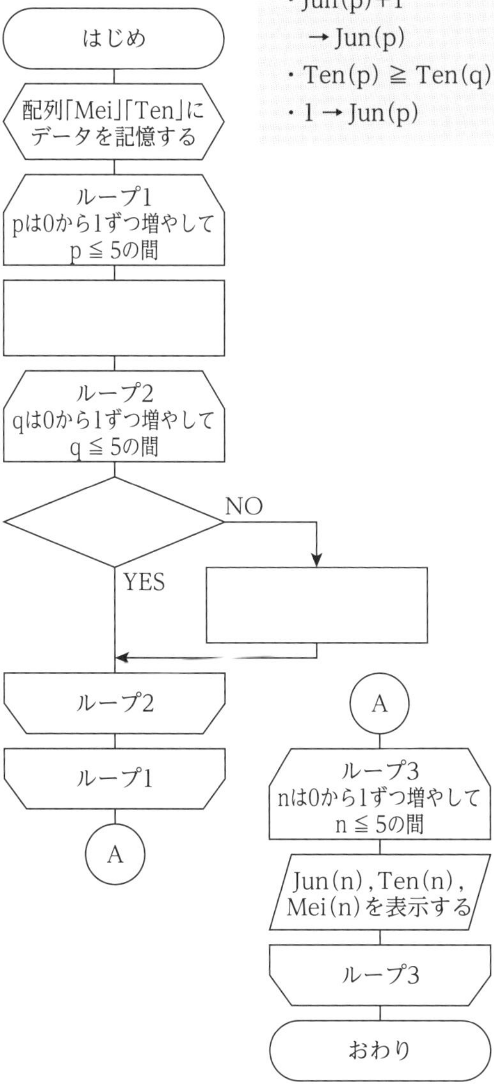

はじめ
配列「Mei」「Ten」にデータを記憶する
ループ1
pは0から1ずつ増やして
p ≦ 5の間
ループ2
qは0から1ずつ増やして
q ≦ 5の間
NO
YES
ループ2
ループ1
A
A
ループ3
nは0から1ずつ増やして
n ≦ 5の間
Jun(n)，Ten(n)，Mei(n)を表示する
ループ3
おわり

問題 10-4 県大会の得点の降順に順位付けして表示するために，正しい順番に並べ替え，記入しなさい。

実行結果

（県大会得点表）

（順位）	（得点）	（氏名）
4	104	立石野乃
1	130	中田こず衣
2	118	北河紗衣
3	107	石川綾音
4	104	今泉伶菜
6	101	渡辺桃菜

	(0)	(1)	(2)	(3)	(4)	(5)
Mei	立石野乃	中田こず衣	北河紗衣	石川綾音	今泉伶菜	渡辺桃菜
Ten	104	130	118	107	104	101
Jun						

解答

- ・p＋1 → r
- ・1 → Jun(n)
- ・Jun(p)＋1 → Jun(p)
- ・Jun(q)＋1 → Jun(q)

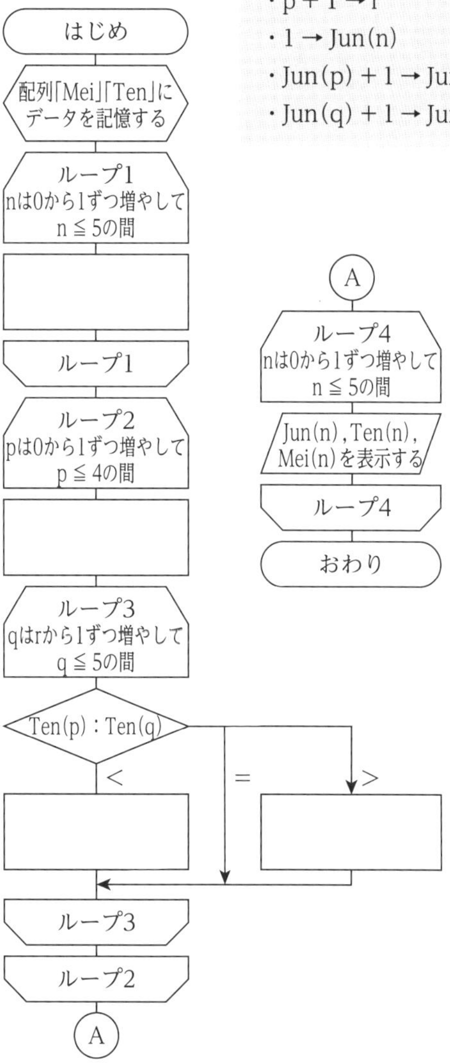

はじめ
配列「Mei」「Ten」にデータを記憶する
ループ1
nは0から1ずつ増やして
n ≦ 5の間
ループ1
ループ2
pは0から1ずつ増やして
p ≦ 4の間
ループ3
qはrから1ずつ増やして
q ≦ 5の間
Ten(p)：Ten(q)
<
=
>
ループ3
ループ2
A
A
ループ4
nは0から1ずつ増やして
n ≦ 5の間
Jun(n)，Ten(n)，Mei(n)を表示する
ループ4
おわり

11 ソートの基礎

例題 11　**ソートの基礎**

2台の車が駐車してある。この2台の駐車場所を入れ替えるために，正しい順番に並べ替え，記入しなさい。

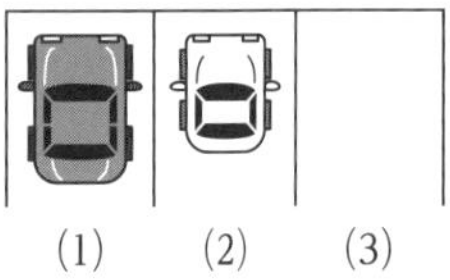

・駐車場(3)の車を駐車場(2)に移動させる
・駐車場(1)の車を駐車場(3)に移動させる
・駐車場(2)の車を駐車場(1)に移動させる

解答

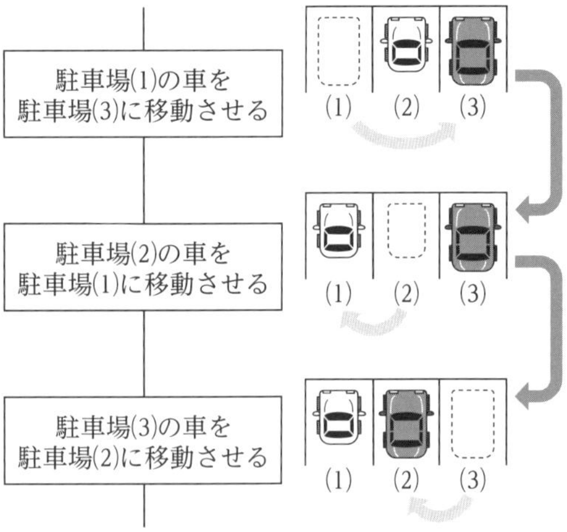

ソートとは，並べ替えのことです。分類や整列とも呼ばれます。ソートには，たくさんの種類がありますが，本書では3種類を取り扱います。

・**バブルソート**(隣接交換法)
　隣同士を比較して入替を行う方法
・**セレクションソート**(選択法，セレクトソート)
　最大値または最小値を探して順に並べる方法
・**インサーションソート**(挿入法，インサートソート)
　データを後ろにずらして空きを作り挿入する方法

上記のうち，バブルソートとセレクションソートでは，例題に示したような，ふたつの車(データ)の場所の入替を行う，「入替3点セット」を使います。これを覚えておくと，次の学習が楽になります。

問題 11-1 以下の処理を，フローチャートとして記入しなさい。

・得点(j)が得点(k)よりも小さい場合，得点(j)と得点(k)の入替を行う。
・入替を行う際には，一時 という記憶領域を利用する。

解答

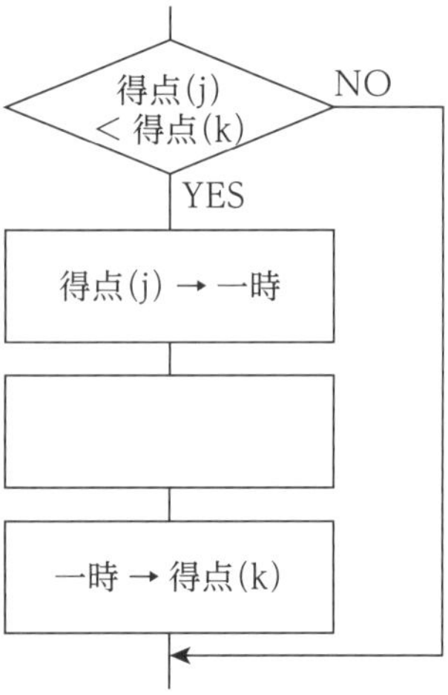

問題 11-2 以下の処理を，フローチャートとして記入しなさい。

・時間(j)が時間(k)よりも大きい場合，時間(j)と時間(k)の入替を行う。
・入替を行う際には，一時 という記憶領域を利用する。

解答

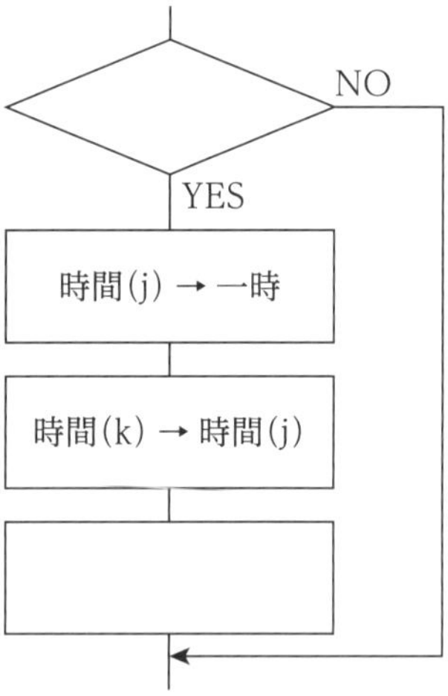

ポイント！ 問題11-1と問題11-2は，後に学習するバブルソート(p.24)の考え方につながります。

問題 11-3 以下の処理を，フローチャートとして記入しなさい。

・mが最大と等しくない場合，得点(m)と得点(最大)の入替を行う。

・入替を行う際には，待避 という記憶領域を利用する。

解答

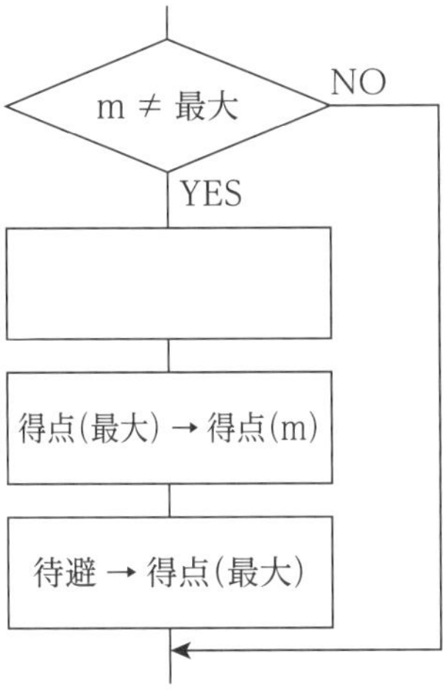
m ≠ 最大
NO
YES
得点(最大) → 得点(m)
待避 → 得点(最大)

問題 11-4 以下の処理を，フローチャートとして記入しなさい。

・mが最小と等しくない場合，時間(m)と時間(最小)の入替を行う。

・入替を行う際には，待避 という記憶領域を利用する。

解答

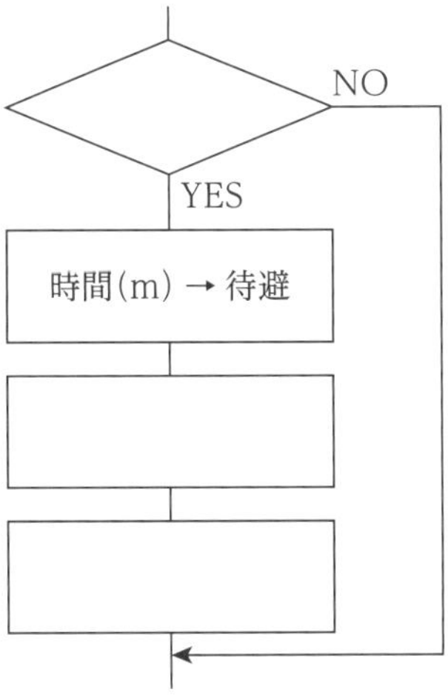
NO
YES
時間(m) → 待避

ポイント！ 問題11-3と問題11-4は，後に学習するセレクションソート(p.26)の考え方につながります。

問題 11-5 以下の処理を，フローチャートとして記入しなさい。

・ j は m−1 から始まり，1ずつ減少させ，0以上の間，重量(j)をひとつ後ろに移動させる処理を繰り返す。

解答

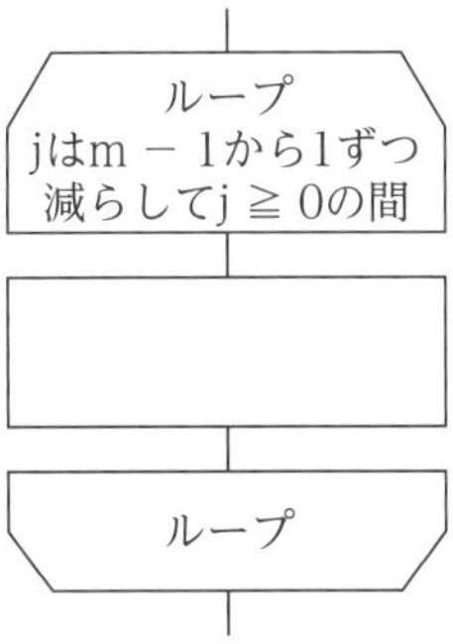
ループ
jはm − 1から1ずつ
減らしてj ≧ 0の間
ループ

ポイント！ j 番目のひとつ後ろは、j＋1 番目と表現します。

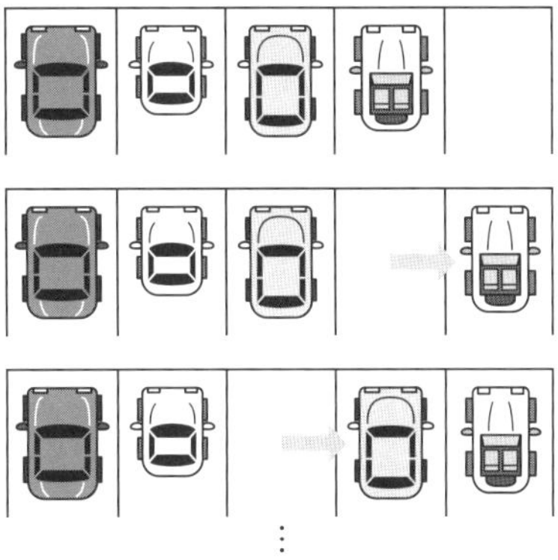

問題 11-6 以下の処理を，フローチャートとして記入しなさい。

・ j は m−1 から始まり， 1ずつ減少させ，重量(j)が保存未満の間，重量(j)をひとつ後ろに移動させる処理を繰り返す。

解答

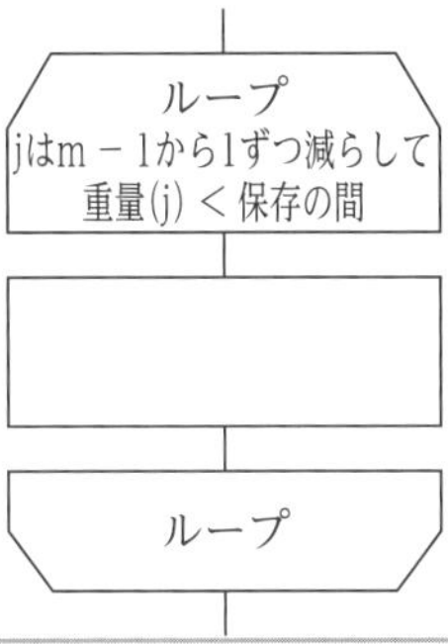
ループ
jはm − 1から1ずつ減らして
重量(j) < 保存の間
ループ

ポイント！ 問題11-5と問題11-6は，後に学習するインサーションソート(p.28)の考え方につながります。

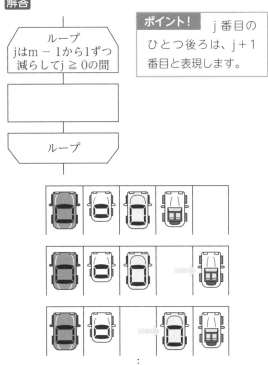

12 バブルソート

例題12 バブルソート

次の４人の得点を降順に並べ替えて表示するために，正しい順番に並べ替え，記入しなさい。

実行結果

（得点）

89

77

64

58

得点

(0)	(1)	(2)	(3)
77	64	58	89

- 得点(j) ＜ 得点(k)
- j＋１→k
- j は０から１ずつ増やして j ≦ m の間
- m は２から１ずつ減らして m ≧ ０ の間
- 保存 → 得点(k)

解答

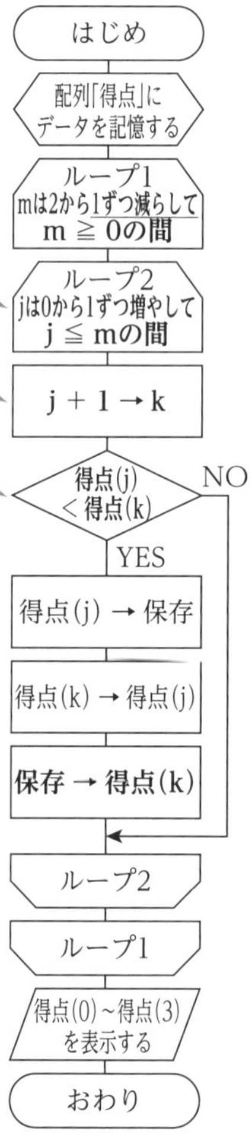

バブルソートは，常に隣同士を比較します。そのため，j（自分）に１を加えk（比較相手）を求めることで隣同士を表現しています。

入替３点セットが分かっていれば，後は比較の仕方を理解するだけです。

降順 → j（自分）が小さいと入替
昇順 → j（自分）が大きいと入替

“j（自分）が負けたら入替”などと覚えておけば，理解しやすいです。

問題12-1 バブルソートを行うフローチャートの添字の組み合わせにおいて，トレースを行いなさい。

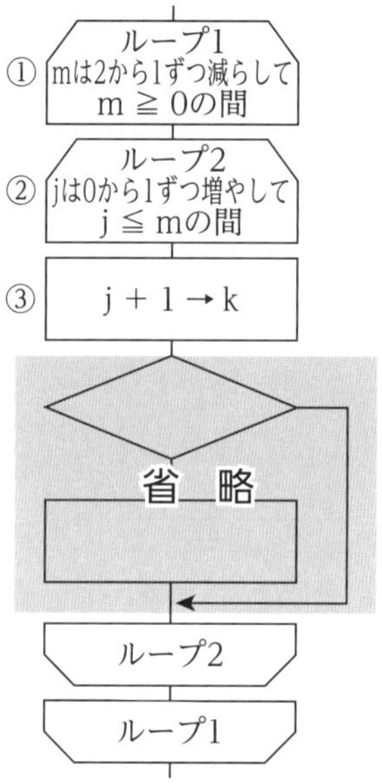

解答

	m	j	k	
①		—	—	
②			—	
③				※
②				
③				※
②				
③				※
①				
②				
③				※
②				
③				※
①				
②				
③				※

※ j番目とk番目を比較し，入替処理を行う

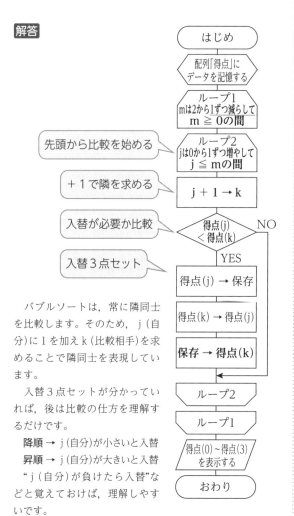

問題 12-2 次の４人の得点を降順に並べ替えて表示するために，正しい順番に並べ替え，記入しなさい。

実行結果

（氏名）	（得点）
出川巧	89
鈴木貴大	77
加藤恭也	64
菊池二千翔	58

	(0)	(1)	(2)	(3)
名簿	鈴木貴大	加藤恭也	菊池二千翔	出川巧
得点	77	64	58	89

- mは２から１ずつ減らして m ≧ 0 の間
- j は0から１ずつ増やして j ≦ m の間
- 名簿保存 → 名簿(k)
- 得点(k) → 得点(j)
- 得点(j) ＜ 得点(k)

解答

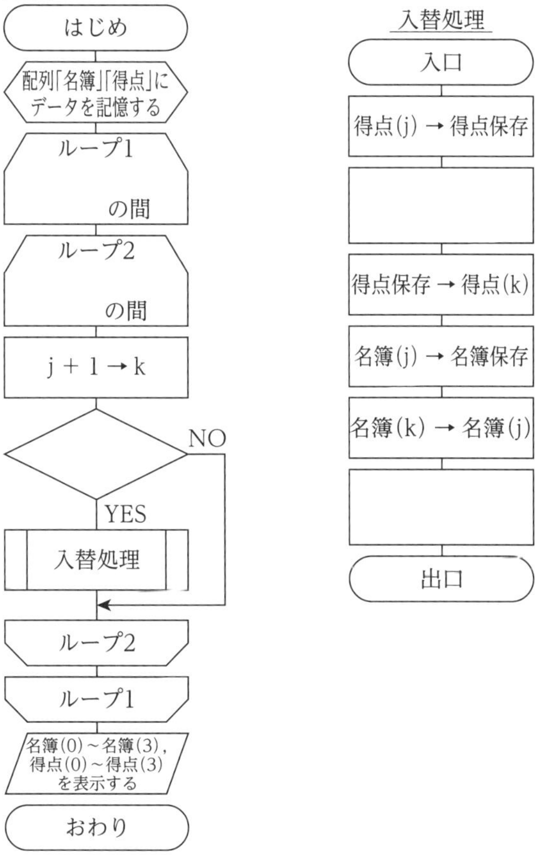
はじめ
配列「名簿」「得点」に
データを記憶する
ループ1
の間
ループ2
の間
j ＋ 1 → k
NO
YES
入替処理
ループ2
ループ1
名簿(0)～名簿(3),
得点(0)～得点(3)
を表示する
おわり
入替処理
入口
得点(j) → 得点保存
得点保存 → 得点(k)
名簿(j) → 名簿保存
名簿(k) → 名簿(j)
出口

問題 12-3 次の４人が宿泊する部屋番号を昇順に並べ替えて表示するために，正しい順番に並べ替え，記入しなさい。

実行結果

（部屋番号）	（氏名）
210	加藤恭也
213	菊池二千翔
227	出川巧
521	鈴木貴大

- 部屋(j) → 部屋保存
- 名簿(j＋1) → 名簿(j)
- m ≧ 0
- j ≦ m
- 部屋(j) ＞ 部屋(j＋1)

	(0)	(1)	(2)	(3)
名簿	出川巧	菊池二千翔	鈴木貴大	加藤恭也
部屋	227	213	521	210

解答

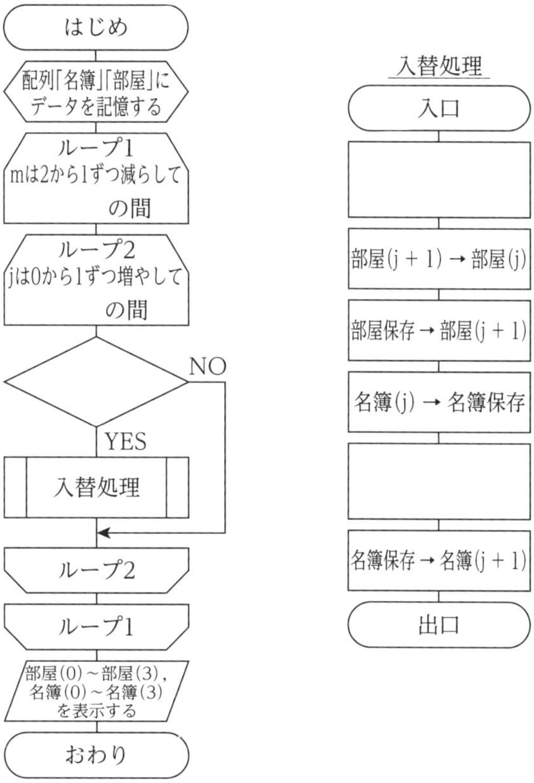
はじめ
配列「名簿」「部屋」に
データを記憶する
ループ1
mは2から1ずつ減らして
の間
ループ2
jは0から1ずつ増やして
の間
NO
YES
入替処理
ループ2
ループ1
部屋(0)～部屋(3),
名簿(0)～名簿(3)
を表示する
おわり
入替処理
入口
部屋(j＋1) → 部屋(j)
部屋保存 → 部屋(j＋1)
名簿(j) → 名簿保存
名簿保存 → 名簿(j＋1)
出口

13 セレクションソート

例題13　セレクションソート

次の４人の得点を降順に並べ替えて表示するために，正しい順番に並べ替え，記入しなさい。

実行結果

（得点）

89

77

64

58

- ・m → 最大
- ・j → 最大
- ・m＋1 → k
- ・得点(m) → 保存

得点

(0)	(1)	(2)	(3)
64	77	58	89

解答

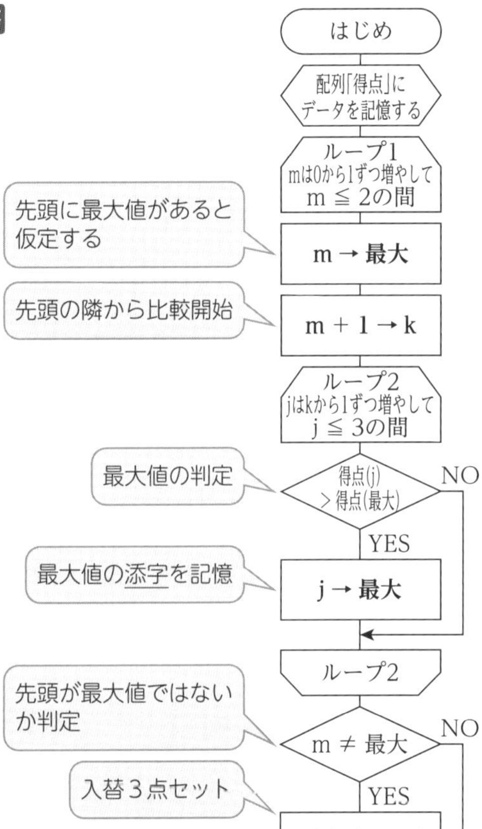

はじめ
配列「得点」に
データを記憶する
ループ1
mは0から1ずつ増やして
m ≦ 2の間
先頭に最大値があると仮定する
m → 最大
先頭の隣から比較開始
m＋1 → k
ループ2
jはkから1ずつ増やして
j ≦ 3の間
最大値の判定
得点(j)
＞得点(最大)
NO
YES
最大値の添字を記憶
j → 最大
ループ2
先頭が最大値ではないか判定
m ≠ 最大
NO
YES
入替３点セット

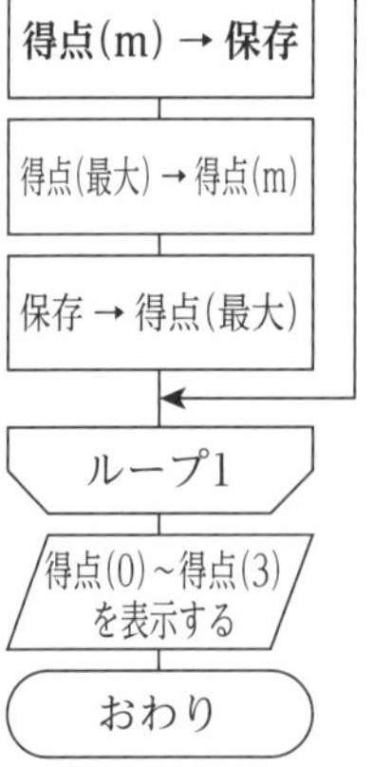

得点(m) → 保存
得点(最大) → 得点(m)
保存 → 得点(最大)
ループ1
得点(0)～得点(3)
を表示する
おわり

セレクションソートは，最大値(最小値)を探して配列の左側に配置する方法です。最初に，配列の先頭に最大値(最小値)があるものとし，すべての要素を比較します。その後，先頭以外に最大値(最小値)があった場合は先頭と入替をします。

バブルソートよりも，入替処理の回数が少なくて済む手法です。

問題13-1 セレクションソートを行うフローチャートの添字の組み合わせにおいて，トレースを行いなさい。

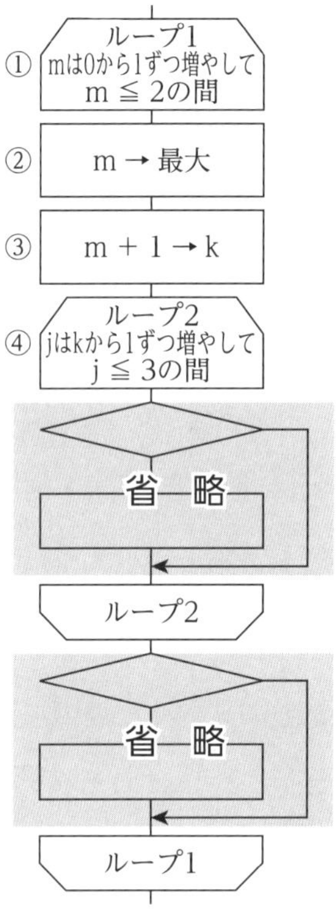

ループ1
①
mは0から1ずつ増やして
m ≦ 2の間
②
m → 最大
③
m＋1 → k
ループ2
④
jはkから1ずつ増やして
j ≦ 3の間
省略
ループ2
省略
ループ1

解答

	m	最大	k	j	
①		―	―	―	
②			―	―	
③				―	
④					※
④		●			※
④		●			※
①		●			
②					
③					
④					※
④		●			※
①		●			
②					
③					
④					※

●はアルゴリズムの都合上，値を省略する
※ｊ番目と最大番目を比較し，最大値の入った添字を求める

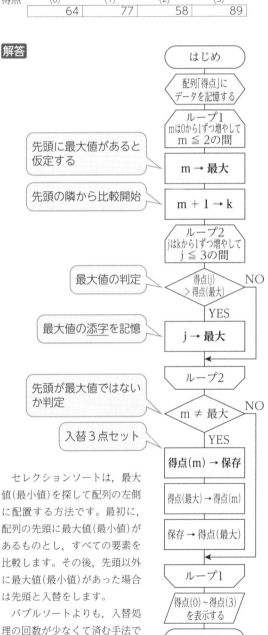

問題 13-2 次の４人の得点を降順に並べ替えて表示するために，正しい順番に並べ替え，記入しなさい。

実行結果

（氏名）	（得点）
出川巧	89
鈴木貴大	77
加藤恭也	64
菊池二千翔	58

	(0)	(1)	(2)	(3)
名簿	加藤恭也	鈴木貴大	菊池二千翔	出川巧
得点	64	77	58	89

・名簿(m) → 名簿保存　・m ≠ 最大
・得点(最大) → 得点(m)　・m → 最大
・得点(j) ＞ 得点(最大)　・m＋1 → k

解答

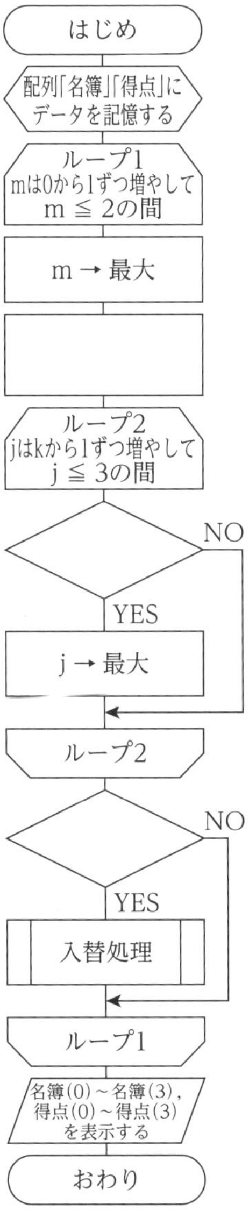

問題 13-3 次の４人が宿泊する部屋番号を昇順に並べ替えて表示するために，正しい順番に並べ替え，記入しなさい。

実行結果

（部屋番号）	（氏名）
210	加藤恭也
213	菊池二千翔
227	出川巧
521	鈴木貴大

	(0)	(1)	(2)	(3)
名簿	菊池二千翔	鈴木貴大	出川巧	加藤恭也
部屋	213	521	227	210

・m → 最小　・名簿保存 → 名簿(最小)
・m ＝ 最小　・部屋(j) ＜ 部屋(最小)
・j → 最小　・部屋(m) → 部屋保存

解答

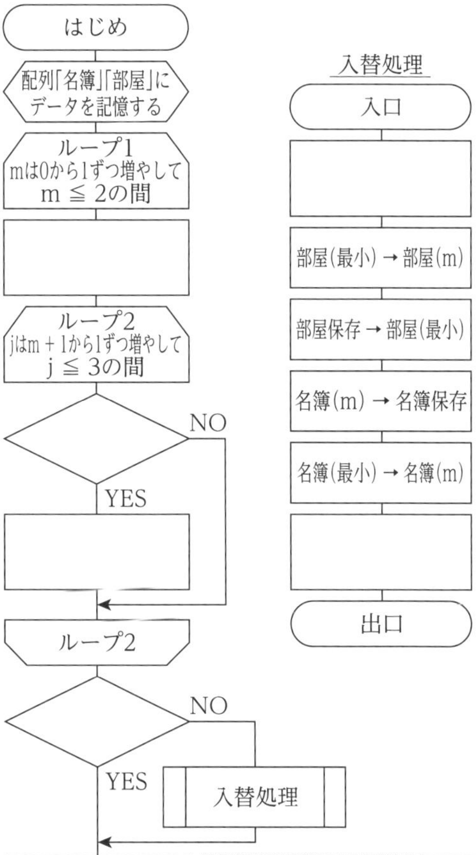

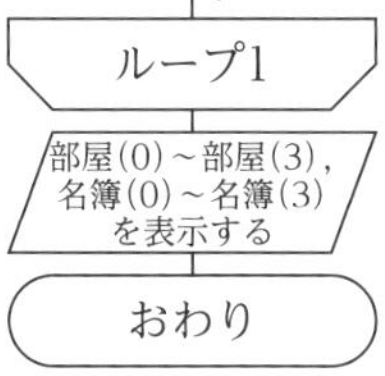

ポイント！ 例題13とは入替処理の二分岐でYESとNOが逆になっています。これに対応するため，条件も逆にする必要があります。

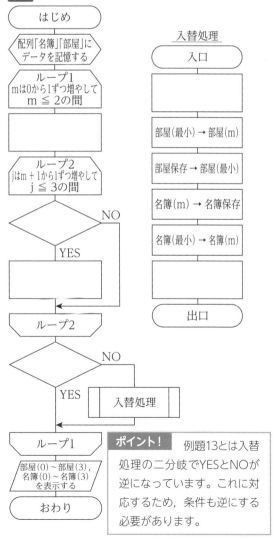

14 インサーションソート

例題14　**インサーションソート**

次の４人の得点を降順に並べ替えて表示するために，正しい順番に並べ替え，記入しなさい。

実行結果

（得点）
89
77
64
58

・保存 → 得点(j＋1)
・得点(j) → 得点(j＋1)
・得点(m) → 保存
・mは１から１ずつ増やして
　m ≦ ３の間

得点	(0)	(1)	(2)	(3)
	64	89	58	77

解答

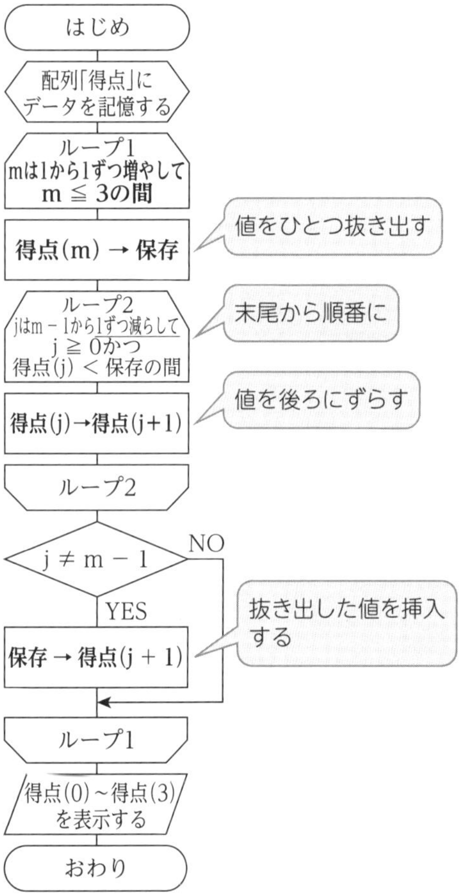

インサーションソートは，値をひとつ抜き出して，その値が入る場所まで配列の要素をひとつずつ後ろにずらして挿入する方法です。ループの条件が難しく，３種類のソートの中でも，最も難解と思われます。

次に示す「考え方の例」は，例題の 得点 を鉛筆の長さで置きかえたものです。インサーションソートの動きを視覚的にとらえましょう。

■考え方の例

４本の鉛筆を長い順(降順)に並べ替える例です。

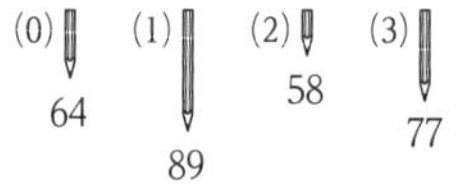

mが１のとき(０番から数えて要素が２つ)

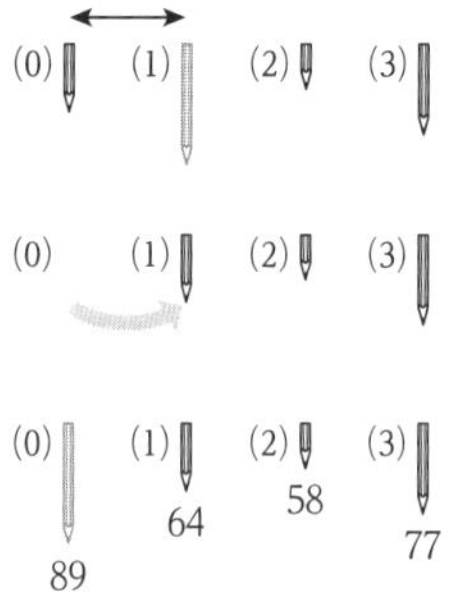

m番(１番)の鉛筆を抜き出す

０番の鉛筆を１番にずらす

抜き出した鉛筆を挿入する

←→ m番(１番)までは降順になった

mが２のとき(０番から数えて要素が３つ)

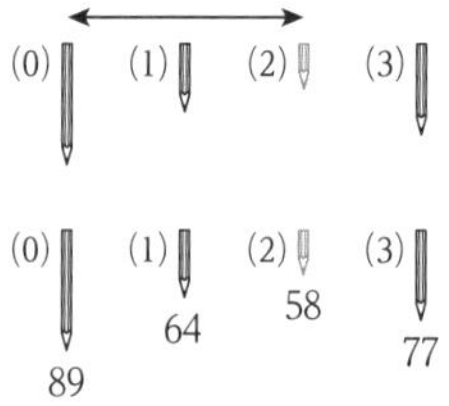

m番(２番)の鉛筆を抜き出す

２番の鉛筆は，元々２番にあれば良いため，後ろにずらさない

←→ m番(２番)までは降順になった

mが３のとき(０番から数えて要素が４つ)

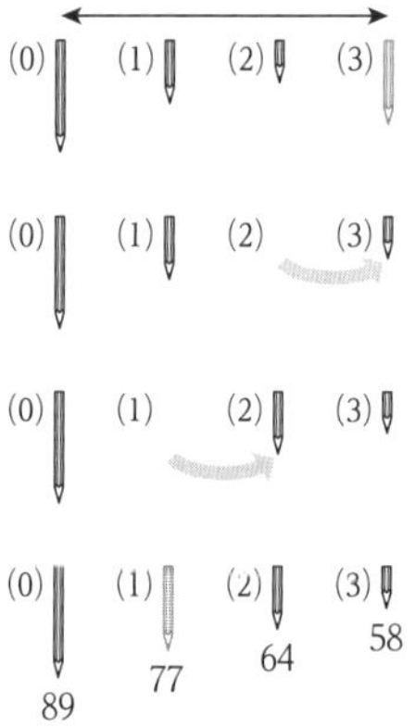

m番(３番)の鉛筆を抜き出す

２番の鉛筆を３番にずらす

１番の鉛筆を２番にずらす

抜き出した鉛筆を挿入する

←→ m番(３番)まで降順になった

mが１のときは，j ≧ 0 の条件でループ２が終了しています。

mが２のときは，得点(j) ＜ 保存 の条件により，ループの中に入っていません。

mが３のときは，得点(j) ＜ 保存 の条件で，後ろにずらす途中でループが終了しています。

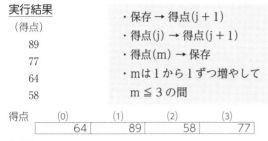

問題 14-1 次の４人の得点を降順に並べ替えて表示するために，正しい順番に並べ替え，記入しなさい。

実行結果

（氏名）	（得点）
出川巧	89
鈴木貴大	77
加藤恭也	64
菊池二千翔	58

	(0)	(1)	(2)	(3)
名簿	加藤恭也	出川巧	菊池二千翔	鈴木貴大
得点	64	89	58	77

解答

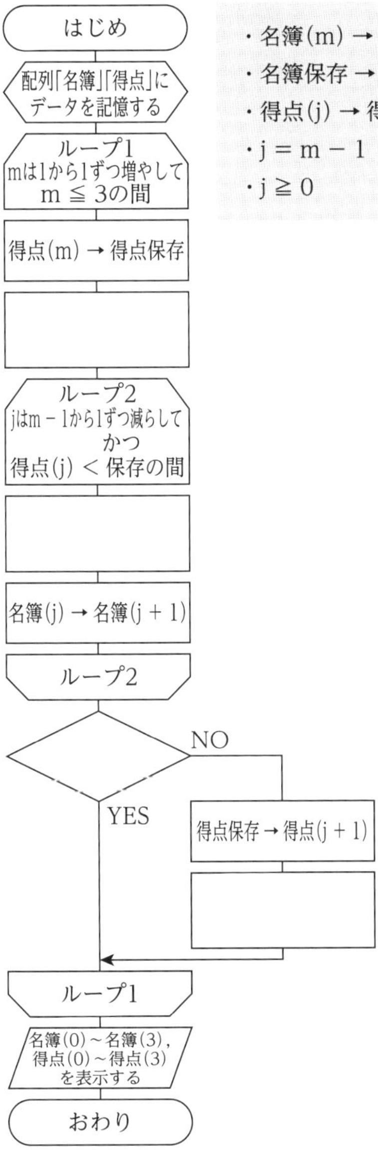

はじめ
配列「名簿」「得点」にデータを記憶する
ループ1
mは1から1ずつ増やしてm ≦ 3の間
得点(m) → 得点保存
ループ2
jはm－1から1ずつ減らしてかつ得点(j) ＜ 保存の間
名簿(j) → 名簿(j＋1)
ループ2
NO
YES
得点保存 → 得点(j＋1)
ループ1
名簿(0)～名簿(3)，得点(0)～得点(3)を表示する
おわり

・名簿(m) → 名簿保存
・名簿保存 → 名簿(j＋1)
・得点(j) → 得点(j＋1)
・j = m － 1
・j ≧ 0

問題 14-2 次の４人が宿泊する部屋番号を昇順に並べ替えて表示するために，正しい順番に並べ替え，記入しなさい。

実行結果

（部屋番号）	（氏名）
210	加藤恭也
213	菊池二千翔
227	出川巧
521	鈴木貴大

	(0)	(1)	(2)	(3)
名簿	菊池二千翔	鈴木貴大	加藤恭也	出川巧
部屋	213	521	210	227

解答

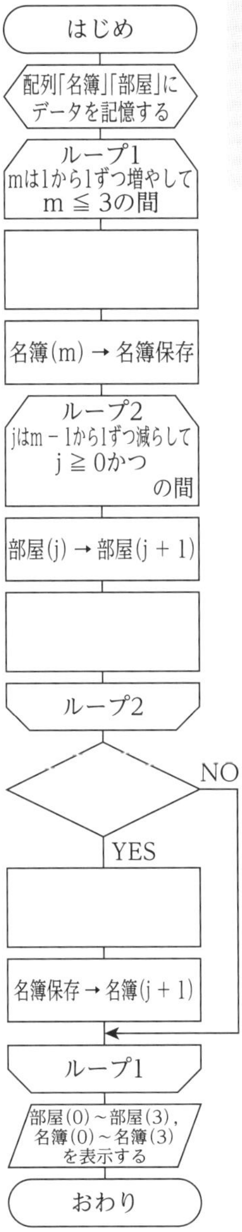

はじめ
配列「名簿」「部屋」にデータを記憶する
ループ1
mは1から1ずつ増やしてm ≦ 3の間
名簿(m) → 名簿保存
ループ2
jはm－1から1ずつ減らしてj ≧ 0かつの間
部屋(j) → 部屋(j＋1)
ループ2
NO
YES
名簿保存 → 名簿(j＋1)
ループ1
部屋(0)～部屋(3)，名簿(0)～名簿(3)を表示する
おわり

・部屋(m) → 部屋保存
・部屋保存 → 部屋(j＋1)
・名簿(j) → 名簿(j＋1)
・部屋(j) ＞ 保存
・j ≠ m － 1

15 演習問題3

問題 15-1 オンライン学習会参加時間(分)の降順に並べ替えて表示するために，正しい順番に並べ替え，記入しなさい。

実行結果

```
（オンライン学習会参加時間）
（参加時間）　　（氏名）
     135　　永井琳菜
     127　　中村美咲
     114　　大林ひなた
     102　　久保田莉央
      98　　白井彩夏
      95　　川上未愉
```

Mei

(0)	(1)	(2)	(3)	(4)	(5)
大林ひなた	川上未愉	白井彩夏	永井琳菜	中村美咲	久保田莉央

Fun

(0)	(1)	(2)	(3)	(4)	(5)
114	95	98	135	127	102

・Fun(n)，Mei(n)を表示する
・Fhozon → Fun(p + 1)
・Fun(p) < Fun(p + 1)
・Mei(p + 1) → Mei(p)

解答

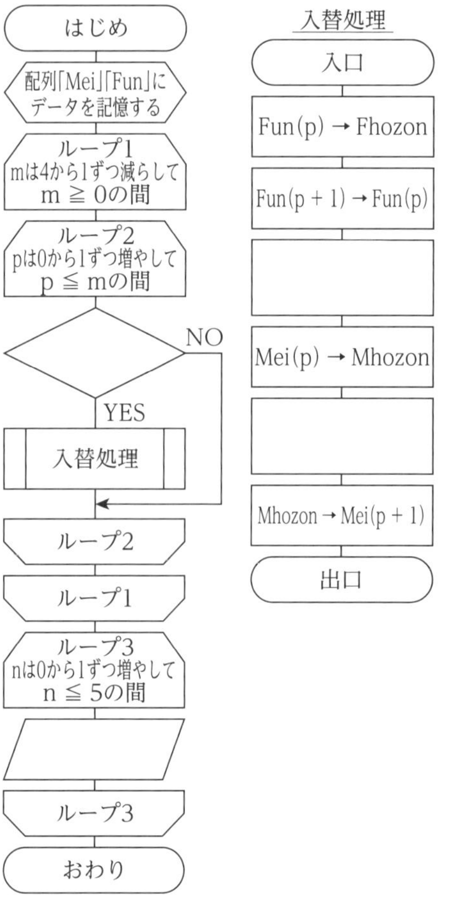

はじめ
配列「Mei」「Fun」に データを記憶する
ループ1 mは4から1ずつ減らして m ≧ 0の間
ループ2 pは0から1ずつ増やして p ≦ mの間
NO
YES
入替処理
ループ2
ループ1
ループ3 nは0から1ずつ増やして n ≦ 5の間
ループ3
おわり
入替処理
入口
Fun(p) → Fhozon
Fun(p + 1) → Fun(p)
Mei(p) → Mhozon
Mhozon → Mei(p + 1)
出口

問題 15-2 オンライン学習会参加時間(分)の降順に並べ替えて表示するために，正しい順番に並べ替え，記入しなさい。

実行結果

```
（オンライン学習会参加時間）
（参加時間）　　（氏名）
     135　　永井琳菜
     127　　中村美咲
     114　　大林ひなた
     102　　久保田莉央
      98　　白井彩夏
      95　　川上未愉
```

Mei

(0)	(1)	(2)	(3)	(4)	(5)
大林ひなた	川上未愉	白井彩夏	永井琳菜	中村美咲	久保田莉央

Fun

(0)	(1)	(2)	(3)	(4)	(5)
114	95	98	135	127	102

・Fun(d) → Fun(m)　　・m ≠ d
・Fun(p) > Fun(d)　　・m → d
・Mei(m) → Mhozon

解答

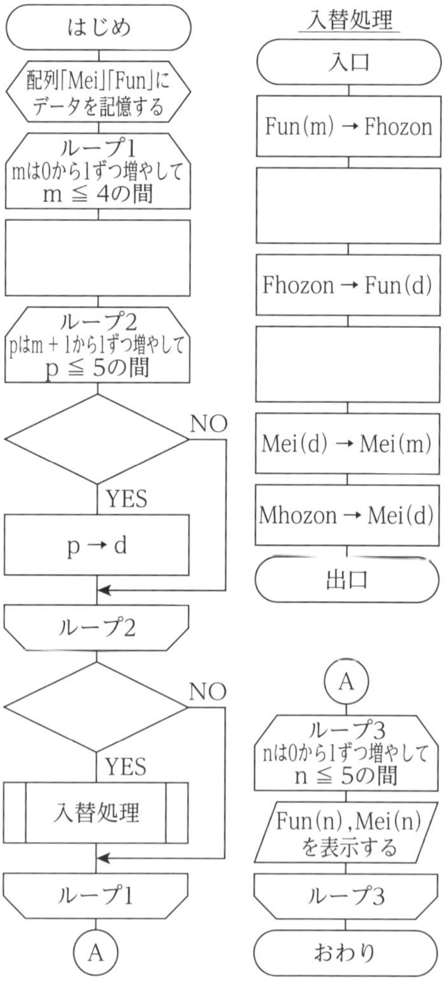

はじめ
配列「Mei」「Fun」に データを記憶する
ループ1 mは0から1ずつ増やして m ≦ 4の間
ループ2 pはm + 1から1ずつ増やして p ≦ 5の間
NO
YES
p → d
ループ2
NO
YES
入替処理
ループ1
A
入替処理
入口
Fun(m) → Fhozon
Fhozon → Fun(d)
Mei(d) → Mei(m)
Mhozon → Mei(d)
出口
A
ループ3 nは0から1ずつ増やして n ≦ 5の間
Fun(n),Mei(n) を表示する
ループ3
おわり

問題 15-3 オンライン学習会参加時間（分）の降順に並べ替えて表示するために，正しい順番に並べ替え，記入しなさい。

実行結果

（オンライン学習会参加時間）

（参加時間）	（氏名）
135	永井琳菜
127	中村美咲
114	大林ひなた
102	久保田莉央
98	白井彩夏
95	川上未愉

	(0)	(1)	(2)	(3)	(4)	(5)
Mei	大林ひなた	川上未愉	白井彩夏	永井琳菜	中村美咲	久保田莉央
Fun	114	95	98	135	127	102

- ・p = m − 1
- ・Fun(p) → Fun(p＋1)
- ・Fhozon → Fun(p＋1)
- ・Mei(m) → Mhozon
- ・p ≧ 0

解答

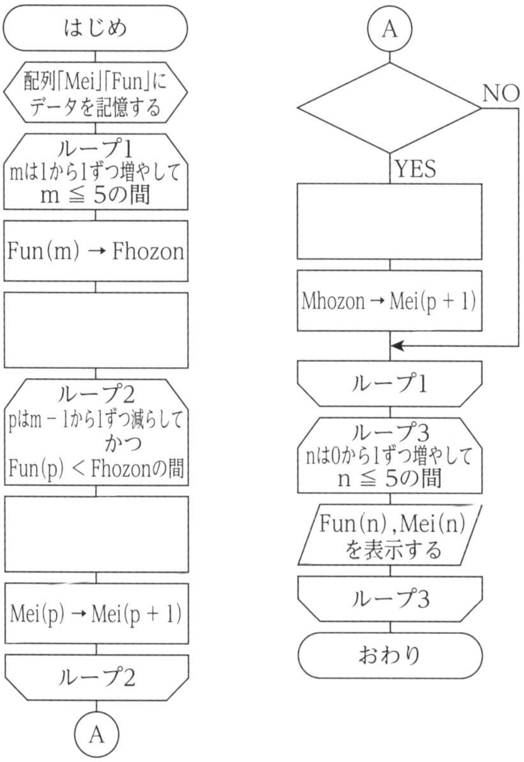

問題 15-4 オンライン学習会参加時間（分）の降順に並べ替えて表示するために，正しい順番に並べ替え，記入しなさい。

実行結果

（オンライン学習会参加時間）

（参加時間）	（氏名）
135	永井琳菜
127	中村美咲
114	大林ひなた
102	久保田莉央
98	白井彩夏
95	川上未愉

	(0)	(1)	(2)	(3)	(4)	(5)	(6)
Mei		大林ひなた	川上未愉	白井彩夏	永井琳菜	中村美咲	久保田莉央
Fun		114	95	98	135	127	102

- ・p ≠ k
- ・Fun(0) → Fun(p＋1)
- ・Fun(m) → Fun(0)
- ・Mei(p) → Mei(p＋1)
- ・Fun(p) ＜ Fun(0)

解答

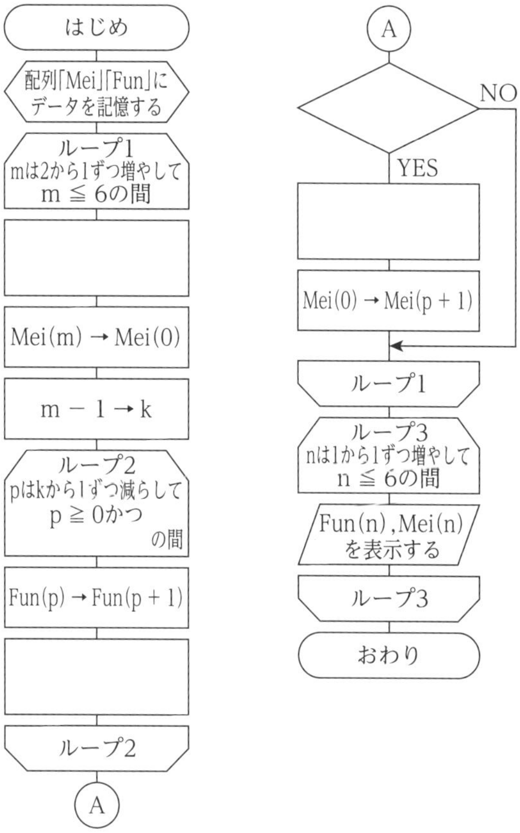

検印欄

◯執　筆――愛知県立豊橋商業高等学校教諭
岩田　智史

表紙・本文基本デザイン
DESIGN ＋ SLIM
松　利江子

実践アルゴリズムドリル

◯編　者――実教出版編修部

◯発行者――小田　良次

◯印刷所――株式会社広済堂ネクスト

◯発行所―実教出版株式会社

〒102-8377
東京都千代田区五番町 5
電話〈営業〉(03) 3238-7777
〈編修〉(03) 3238-7332
〈総務〉(03) 3238-7700
https://www.jikkyo.co.jp/

002402021　　ISBN978-4-407-34957-3

実践アルゴリズムドリル

解答編

実教出版

24(02)

1 基礎の確認1 最大値・最小値

問題 1-1 次の３人の通学時間データのうち，最も時間のかかる人を求めるために，正しい順番に並べ替え，記入しなさい。

入力データ

（氏名）	（時間）
村松春奈	45
竹下榛南	20
加藤雅夕	60

実行結果

（最大） 60

・時間 → 最大
・0 → 最大
・時間 > 最大
・最大を表示する

解答

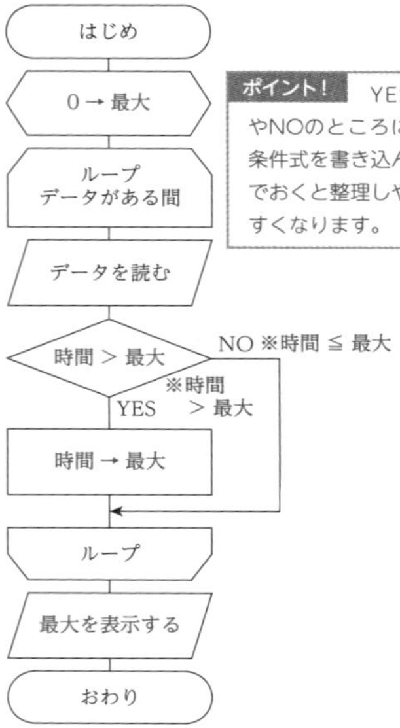
はじめ
0 → 最大
ループ
データがある間
データを読む
時間 > 最大
NO ※時間 ≦ 最大
YES ※時間 > 最大
時間 → 最大
ループ
最大を表示する
おわり

ポイント！ YESやNOのところに条件式を書き込んでおくと整理しやすくなります。

ポイント！
ループの前 → 最大に最小値を記憶させる
ループの中 → 最大記録更新で入替処理をする
ループの後 → 最大を表示して終了

問題 1-2 次の３人の通学時間データのうち，最も時間のかかる人を求めるために，正しい順番に並べ替え，記入しなさい。

入力データ

（氏名）	（時間）
村松春奈	45
竹下榛南	20
加藤雅夕	60

実行結果

（最大） 60

・最大を表示する　　・時間 → 最大
・時間 > 最大　　・時間 → 最大

解答

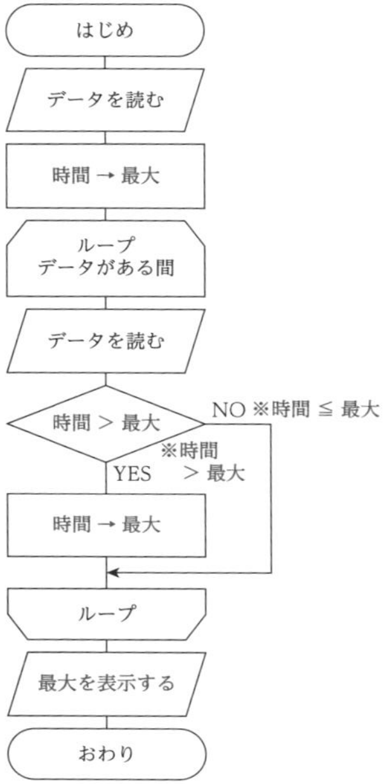
はじめ
データを読む
時間 → 最大
ループ
データがある間
データを読む
時間 > 最大
NO ※時間 ≦ 最大
YES ※時間 > 最大
時間 → 最大
ループ
最大を表示する
おわり

ポイント！ 問題1-1の変形です。１件目のデータを最大に記憶させることで，最小値を初期値とする処理を省いています。このように，アルゴリズムは，ひとつのパターンとは限りません。

問題 1-3 次の３人の通学時間データのうち，最も時間が短い人を求めるために，正しい順番に並べ替え，記入しなさい。

入力データ

（氏名）	（時間）
村松春奈	45
竹下榛南	20
加藤雅夕	60

実行結果

（最小） 20

・時間 → 最小
・999 → 最小
・時間 < 最小
・最小を表示する

解答

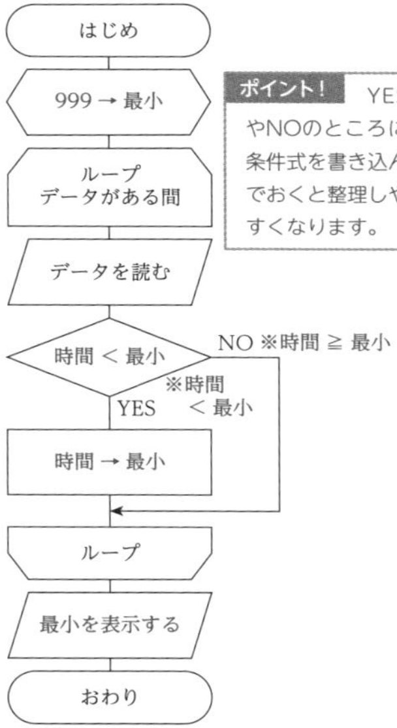
はじめ
999 → 最小
ループ
データがある間
データを読む
時間 < 最小
NO ※時間 ≧ 最小
YES ※時間 < 最小
時間 → 最小
ループ
最小を表示する
おわり

ポイント！ YESやNOのところに条件式を書き込んでおくと整理しやすくなります。

ポイント！
ループの前 → 最小に最大値を記憶させる
ループの中 → 最小記録更新で入替処理をする
ループの後 → 最小を表示して終了

問題 1-4 次の３人の通学時間データのうち，最も時間が短い人を求めるために，正しい順番に並べ替え，記入しなさい。

入力データ

（氏名）	（時間）
村松春奈	45
竹下榛南	20
加藤雅夕	60

実行結果

（最小） 20

・最小を表示する　　・時間 → 最小
・時間 < 最小　　・時間 → 最小

解答

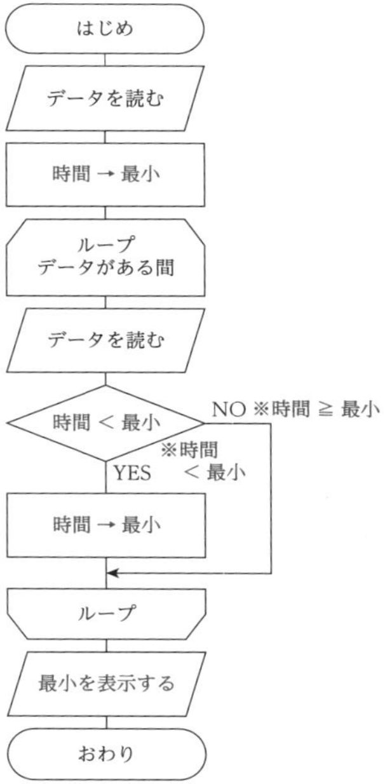
はじめ
データを読む
時間 → 最小
ループ
データがある間
データを読む
時間 < 最小
NO ※時間 ≧ 最小
YES ※時間 < 最小
時間 → 最小
ループ
最小を表示する
おわり

ポイント！ 問題1-3の変形です。ループの中の二分岐は，最小にデータが入っていなければエラーとなってしまいます。問題１−３のように最大値を入れておくか，本問のように１件目のデータを仮の最小値として記憶させることで，このエラーを防いでいます。

2 基礎の確認2 配列・線形探索

問題 2-1 次の3人の通学時間データのうち，最も時間のかかる人を求めるために，正しい順番に並べ替え，記入しなさい。

	(0)	(1)	(2)
名簿	村松春奈	竹下榛南	加藤雅夕
時間	45	20	60

実行結果

（氏名） 加藤雅夕 （最大） 60

・時間(s) ＞ 時間(最大)　・i＋1→s
・名簿(最大)，時間(最大)を表示する　・s→最大

解答

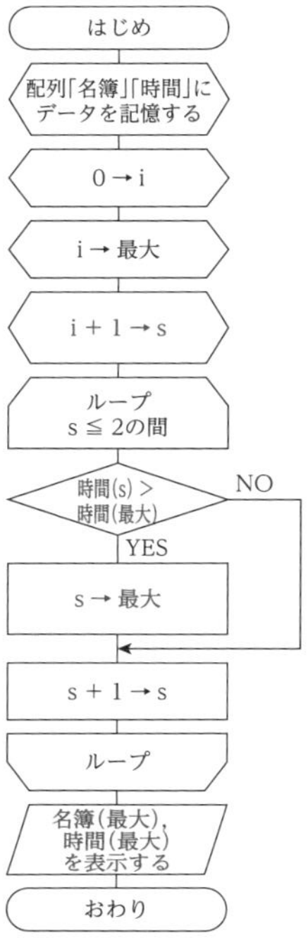

はじめ
配列「名簿」「時間」にデータを記憶する
0→i
i→最大
i＋1→s
ループ s≦2の間
時間(s)＞時間(最大)
NO
YES
s→最大
s＋1→s
ループ
名簿(最大)，時間(最大)を表示する
おわり

ポイント！ 少し難しい問題です。1件目(添字0)のデータを仮の最大値とし，2件目(添字1)から比較を始め，最大値が記憶されている添字を保存する手法です。これは，問題14でも使用します。

問題 2-2 次の3人の通学時間データについて，合計と人数，平均を求めるために，正しい順番に並べ替え，記入しなさい。

	(0)	(1)	(2)
名簿	村松春奈	竹下榛南	加藤雅夕
時間	45	20	60

実行結果

（合計） 125 （人数） 3 （平均） 41

・人数＋1→人数
・0→合計
・合計，人数，平均を表示する
・合計÷人数→平均

解答

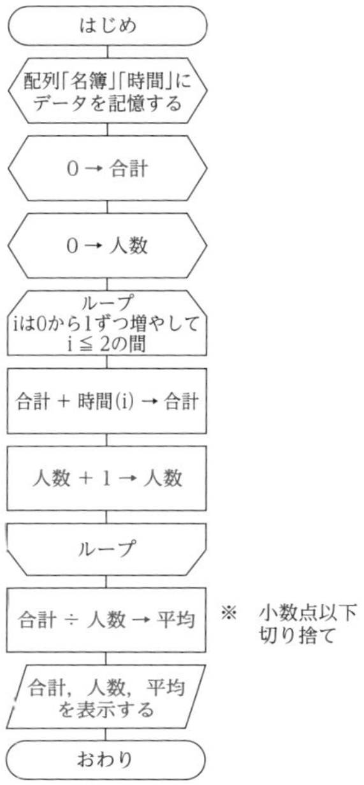

はじめ
配列「名簿」「時間」にデータを記憶する
0→合計
0→人数
ループ iは0から1ずつ増やして i≦2の間
合計＋時間(i)→合計
人数＋1→人数
ループ
合計÷人数→平均
※ 小数点以下切り捨て
合計，人数，平均を表示する
おわり

ポイント！
ループの前 → 合計と件数(人数)にゼロを記憶
ループの中 → 合計と件数の足し算
ループの後 → 合計 ÷ 件数 で平均を求め，表示

問題 2-3 出席番号をもとに氏名と通学時間を探索して表示するために，正しい順番に並べ替え，記入しなさい。

入力データ　**実行結果**

（出席番号）	（氏名）	（時間）
2425	竹下榛南	20
2511	加藤雅夕	60
2337	村松春奈	45

	(0)	(1)	(2)
番号	2337	2425	2511
名簿	村松春奈	竹下榛南	加藤雅夕
時間	45	20	60

・出席番号 ≠ 番号(i) の間　・i＋1→i
・名簿(i)，時間(i)を表示する　・0→i

解答

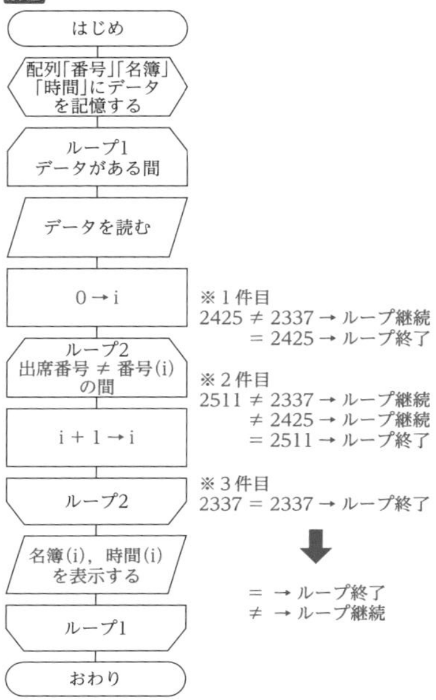

はじめ
配列「番号」「名簿」「時間」にデータを記憶する
ループ1 データがある間
データを読む
0→i
ループ2 出席番号≠番号(i)の間
i＋1→i
ループ2
名簿(i)，時間(i)を表示する
ループ1
おわり
※1件目
2425 ≠ 2337 → ループ継続
= 2425 → ループ終了
※2件目
2511 ≠ 2337 → ループ継続
≠ 2425 → ループ継続
= 2511 → ループ終了
※3件目
2337 = 2337 → ループ終了
= → ループ終了
≠ → ループ継続

問題 2-4 通学時間をもとに遠方ランクを探索して表示するために，正しい順番に並べ替え，記入しなさい。通学時間が20分まではCランク，50分まではBランク，それ以上はAランクである

入力データ　**実行結果**

（通学時間）	（時間）	（ランク）
20	20	C
60	60	A
45	45	B

	(0)	(1)	(2)
時間	20	50	999
ランク	C	B	A

・0→i　・通学時間，ランク(i)を表示する
・i＋1→i　・通学時間 ＞ 時間(i) の間

解答

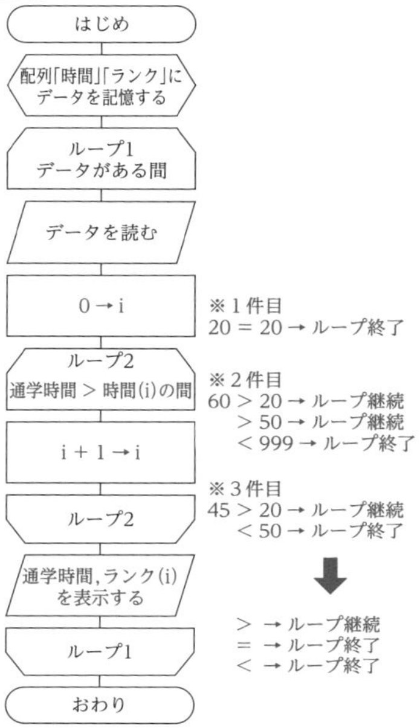

はじめ
配列「時間」「ランク」にデータを記憶する
ループ1 データがある間
データを読む
0→i
ループ2 通学時間＞時間(i)の間
i＋1→i
ループ2
通学時間，ランク(i)を表示する
ループ1
おわり
※1件目
20 = 20 → ループ終了
※2件目
60 ＞ 20 → ループ継続
＞ 50 → ループ継続
＜ 999 → ループ終了
※3件目
45 ＞ 20 → ループ継続
＜ 50 → ループ終了
＞ → ループ継続
= → ループ終了
＜ → ループ終了

ポイント！ 問題2−3と問題2−4を比較して，一致したら終了なのか，一致しなくても終了できるのかを考えておきましょう。

3 グループトータル

例題 3 グループトータル

図書館の滞在時間を人ごとに集計して表示するために，正しい順番に並べ替え，記入しなさい。

入力データ

(氏名)	(時間)
齋藤あい	90
齋藤あい	55
齋藤あい	150
南知梨	70
金原実郁	30
金原実郁	45

実行結果

(氏名)	(時間)
齋藤あい	90
齋藤あい	55
齋藤あい	150
(小計)	295
南知梨	70
(小計)	70
金原実郁	30
金原実郁	45
(小計)	75
(総計)	440

- 総計 + 小計 → 総計
- 小計 + 時間 → 小計
- 氏名 → 保存
- 小計を表示する
- 総計を表示する
- 0 → 小計
- 0 → 総計

解答

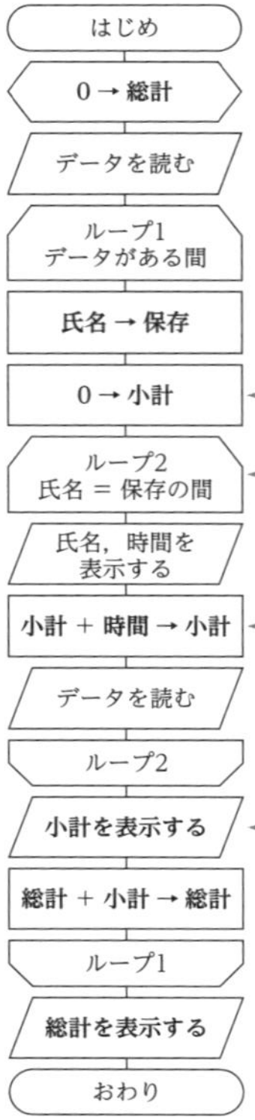

はじめ
0 → 総計
データを読む
ループ1
データがある間
氏名 → 保存
0 → 小計
ループ2
氏名 = 保存の間
氏名，時間を
表示する
小計 + 時間 → 小計
データを読む
ループ2
小計を表示する
総計 + 小計 → 総計
ループ1
総計を表示する
おわり

ループ2の前
グループを保存し，小計をゼロにする

ループ2の継続条件
グループが同じ間，ループを続ける

ループ2の中
データをひとつ読んでは足し算

ループ2の後
小計を表示し，総計の足し算をする

合計の処理を発展させたのが**グループトータル**(グループ集計)です。ポイントは，ループ2の前にグループ名(またはグループ番号など)を保存しておき，グループが変わったかの判定をするところです。

問題 3-1 図書館の滞在時間を人ごとに集計して表示するために，正しい順番に並べ替え，記入しなさい。

入力データ

(氏名)	(時間)
齋藤あい	90
齋藤あい	55
齋藤あい	150
南知梨	70
金原実郁	30
金原実郁	45

実行結果

(氏名)	(時間)
齋藤あい	90
齋藤あい	55
齋藤あい	150
(小計)	295
南知梨	70
(小計)	70
金原実郁	30
金原実郁	45
(小計)	75

- データを読む
- 氏名 = 保存
- 氏名 → 保存
- 氏名，時間を表示する

解答

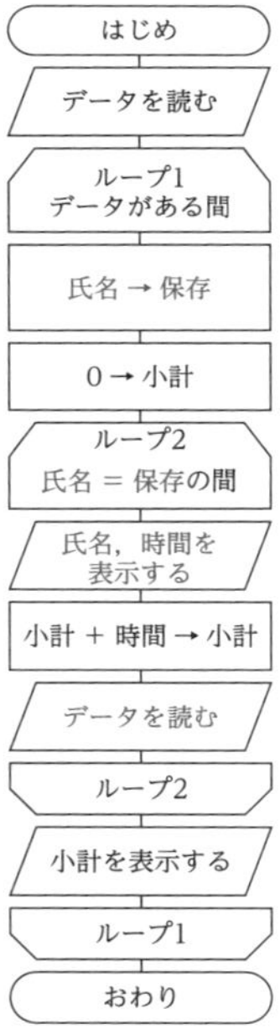

はじめ
データを読む
ループ1
データがある間
氏名 → 保存
0 → 小計
ループ2
氏名 = 保存の間
氏名，時間を
表示する
小計 + 時間 → 小計
データを読む
ループ2
小計を表示する
ループ1
おわり

※グループトータルの準備処理

※グループが変わったときの処理

ポイント! ループ2の考え方

氏名 = 保存 → 同じグループが続いているので，ループ継続

氏名 ≠ 保存 → グループが変わったので，ループ終了

問題 3-2 図書館の滞在時間を人ごとに集計して表示するために，正しい順番に並べ替え，記入しなさい。

入力データ

(氏名)	(時間)
齋藤あい	90
齋藤あい	55
齋藤あい	150
南知梨	70
金原実郁	30
金原実郁	45

実行結果

(氏名)	(時間)
齋藤あい	295
南知梨	70
金原実郁	75
(総計)	440

- 総計 + 小計 → 総計
- 小計 + 時間 → 小計
- 0 → 総計
- 0 → 小計
- 総計を表示する
- 保存，小計を表示する

解答

はじめ
0 → 総計
データを読む
ループ1
データがある間
氏名 → 保存
0 → 小計
ループ2
氏名 = 保存の間
小計 + 時間 → 小計
データを読む
ループ2
保存，小計
を表示する
総計 + 小計 → 総計
ループ1
総計を表示する
おわり

※グループトータルの準備処理

ポイント! ループ2が終わった直後，保存と小計を表示しています。本来なら保存ではなく，氏名を表示したいところですが，ループ2を終了したということは，氏名には次の人のデータが入っています。

これまで集計してきた人の氏名を利用するには，保存に入っているデータを用います。

※グループが変わったときの処理

問題 3-3 図書館の滞在時間を人ごとに集計して表示するために，正しい順番に並べ替え，記入しなさい。

入力データ

(氏名)	(時間)
齋藤あい	90
齋藤あい	55
齋藤あい	150
南知梨	70
金原実郁	30
金原実郁	45

実行結果

(氏名)	(時間)
齋藤あい	90
齋藤あい	55
齋藤あい	150
齋藤あい〈小計〉	295
南知梨	70
南知梨〈小計〉	70
金原実郁	30
金原実郁	45
金原実郁〈小計〉	75
(総計)	440

- 0 → 小計
- 総計を表示する
- 氏名 → 保存
- 保存，“〈小計〉”，小計を表示する
- 小計 + 時間 → 小計
- 総計 + 時間 → 総計

解答

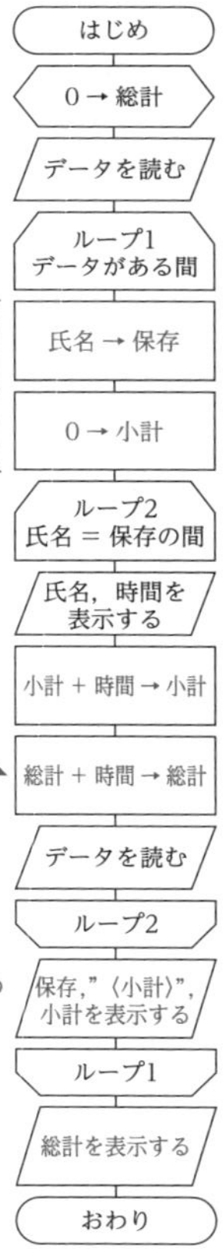

はじめ
0 → 総計
データを読む
ループ1
データがある間
氏名 → 保存
0 → 小計
ループ2
氏名 = 保存の間
氏名，時間を
表示する
小計 + 時間 → 小計
総計 + 時間 → 総計
データを読む
ループ2
保存，”〈小計〉”，
小計を表示する
ループ1
総計を表示する
おわり

※グループトータルの準備処理

※これまでの問題はグループが変わったら小計を総計に加算しています。処理数が増えますが，このタイミングで総計に時間を加えても処理できます。

※グループが変わったときの処理

ポイント! グループが変わったときに行われる処理のことを，コントロールブレイクと呼ぶことがあります。

4 二分探索

例題 4　二分探索

市町村番号から市町村名を探索して表示するために，正しい順番に並べ替え，記入しなさい。ただし，入力データにはエラーが存在する場合もある。

入力データ（コード）	実行結果（市町村名）
2386	長久手市
2017	豊橋市
2033	一宮市
2419	エラー

・(下限 + 上限) ÷ 2 → 中央
・6 → 上限
・市町村(中央) を表示する

	(0)	(1)	(2)	(3)	(4)	(5)	(6)
番号	1002	2017	2025	2033	2114	2301	2386
市町村	名古屋市	豊橋市	岡崎市	一宮市	豊田市	日進市	長久手市

解答

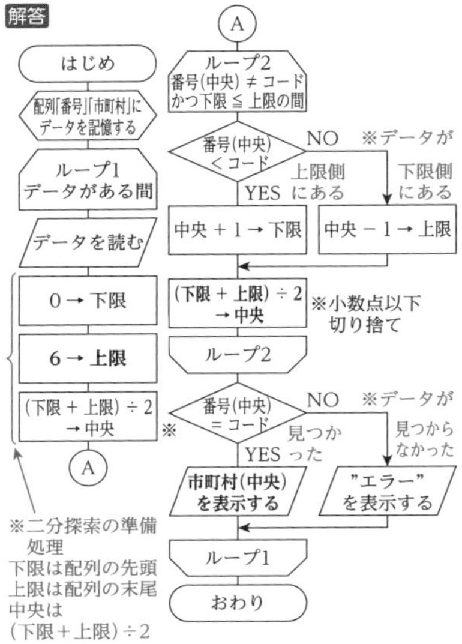
はじめ
配列「番号」「市町村」にデータを記憶する
ループ1 データがある間
データを読む
0 → 下限
6 → 上限
(下限 + 上限) ÷ 2 → 中央
※
A
A
ループ2 番号(中央) ≠ コード かつ下限 ≦ 上限の間
番号(中央) < コード
NO ※データが
上限側 にある
下限側 にある
YES
中央 + 1 → 下限
中央 − 1 → 上限
(下限 + 上限) ÷ 2 → 中央
※小数点以下 切り捨て
ループ2
番号(中央) = コード
NO ※データが
見つか った
見つから なかった
YES
市町村(中央) を表示する
"エラー" を表示する
ループ1
おわり
※二分探索の準備 処理
下限は配列の先頭
上限は配列の末尾
中央は
(下限 + 上限) ÷ 2

配列のデータが昇順または降順に並んでいるとき，配列の中央と探したいデータを比較して探索する**二分探索**を活用できます。

探索準備　配列の先頭の添字 → 下限
　　　　　配列の末尾の添字 → 上限
　　　　　(下限 + 上限) ÷ 2 → 中央

探索処理(ループ2)
　配列の中央の値と探したいデータが一致 → 終了
　探したいデータが上限側にある → 下限を変更
　探したいデータが下限側にある → 上限を変更

その後，再び中央を求める。一致するまで繰り返します。

問題 4-1 市町村番号から市町村名を探索して表示するために，正しい順番に並べ替え，記入しなさい。ただし，入力データにはエラーは存在しないものとする。

入力データ（コード）	実行結果（市町村名）
2386	長久手市
2017	豊橋市
2033	一宮市
1002	名古屋市

・中央 − 1 → 上限
・中央 + 1 → 下限
・0 → 下限
・(下限 + 上限) ÷ 2 → 中央
・番号(中央) ≠ コード

	(0)	(1)	(2)	(3)	(4)	(5)	(6)
番号	1002	2017	2025	2033	2114	2301	2386
市町村	名古屋市	豊橋市	岡崎市	一宮市	豊田市	日進市	長久手市

解答

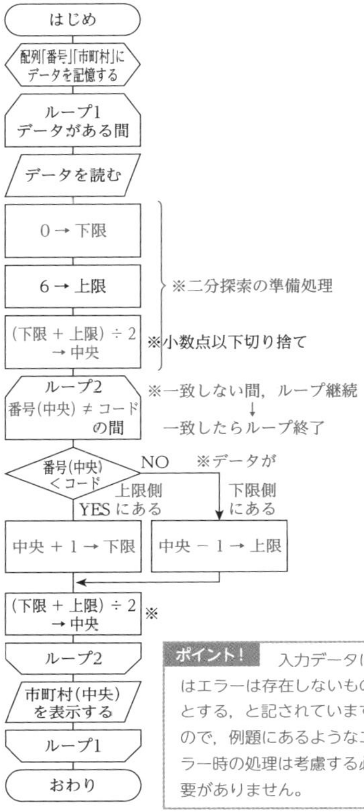
はじめ
配列「番号」「市町村」にデータを記憶する
ループ1 データがある間
データを読む
0 → 下限
6 → 上限
(下限 + 上限) ÷ 2 → 中央
※二分探索の準備処理
※小数点以下切り捨て
ループ2 番号(中央) ≠ コード の間
※一致しない間，ループ継続 ↓ 一致したらループ終了
番号(中央) < コード
NO ※データが
上限側 YES にある
下限側 にある
中央 + 1 → 下限
中央 − 1 → 上限
(下限 + 上限) ÷ 2 → 中央
※
ループ2
市町村(中央) を表示する
ループ1
おわり

ポイント! 入力データにはエラーは存在しないものとする，と記されていますので，例題にあるようなエラー時の処理は考慮する必要がありません。

問題 4-2 生徒番号から部員名を探索して表示するために，正しい順番に並べ替え，記入しなさい。ただし，入力データにはエラーは存在しないものとする。

入力データ（生徒番号）	実行結果（部員名）
2419	齋藤あい
2630	南知梨
2512	金原実郁

※問題4-2および4-3で，配列は同様とする。

	(0)	(1)	(2)	(3)	(4)	(5)	(6)	(7)	(8)	(9)
番号	2337	2419	2424	2425	2427	2509	2511	2512	2513	2630
部員	村松春奈	齋藤あい	鈴木貴大	竹下榛南	出川巧	加藤恭也	加藤雅夕	金原実郁	菊池二千翔	南知梨

・番号(naka) ≠ 生徒番号 の間　・9 → ue
・データがある間　・naka + 1 → shita

解答

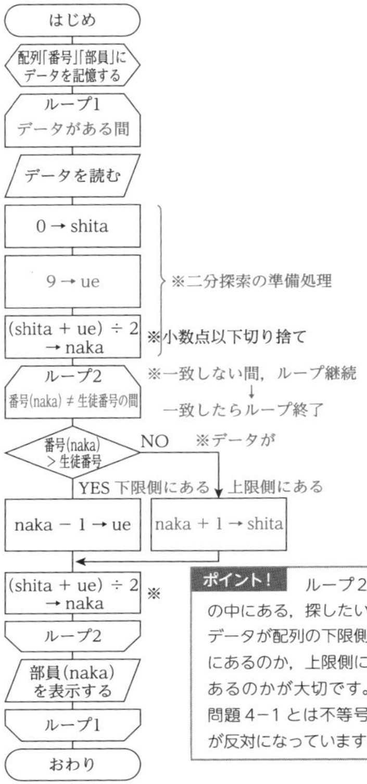
はじめ
配列「番号」「部員」にデータを記憶する
ループ1 データがある間
データを読む
0 → shita
9 → ue
(shita + ue) ÷ 2 → naka
※二分探索の準備処理
※小数点以下切り捨て
ループ2 番号(naka) ≠ 生徒番号の間
※一致しない間，ループ継続 ↓ 一致したらループ終了
番号(naka) > 生徒番号
NO ※データが
YES 下限側にある
上限側にある
naka − 1 → ue
naka + 1 → shita
(shita + ue) ÷ 2 → naka
※
ループ2
部員(naka) を表示する
ループ1
おわり

ポイント! ループ2の中にある，探したいデータが配列の下限側にあるのか，上限側にあるのかが大切です。問題4−1とは不等号が反対になっています。

問題 4-3 生徒番号から部員名を探索して表示するために，正しい順番に並べ替え，記入しなさい。ただし，入力データにはエラーが存在する場合もある。

入力データ（生徒番号）	実行結果（部員名）
2419	齋藤あい
2630	南知梨
2512	金原実郁
2238	エラー

・番号(c) ≠ 生徒番号　・(k + j) ÷ 2 → c
・9 → j　・c - 1 → j
・k > j　・番号(c) > 生徒番号

解答

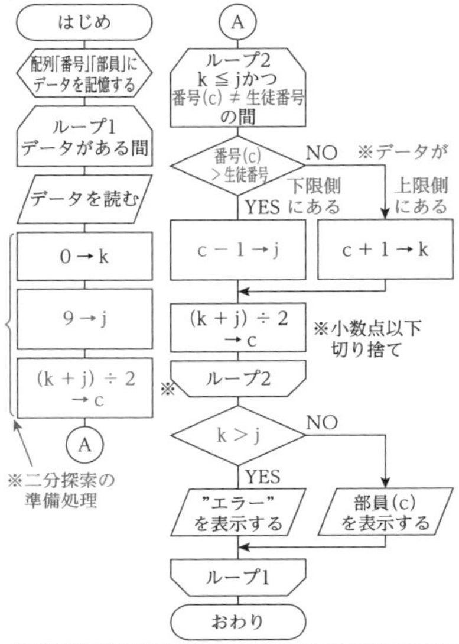
はじめ
配列「番号」「部員」にデータを記憶する
ループ1 データがある間
データを読む
0 → k
9 → j
(k + j) ÷ 2 → c
※
A
※二分探索の準備処理
A
ループ2 k ≦ jかつ 番号(c) ≠ 生徒番号 の間
番号(c) > 生徒番号
NO ※データが
下限側 YES にある
上限側 にある
c − 1 → j
c + 1 → k
(k + j) ÷ 2 → c
※小数点以下 切り捨て
ループ2
k > j
NO
YES
"エラー" を表示する
部員(c) を表示する
ループ1
おわり

ポイント! ループ2の条件のひとつである，k ≦ j は，下限 ≦ 上限 です。これは正常な状態であり，探索を継続します。一方，ループ2の後にある，k > j は本来発生しない状態です。これは，探索を行ってもデータが見つからなかったことを意味し，エラーとして処理します。

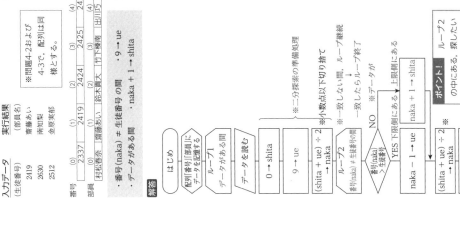

5 演習問題1

問題 5-1 生徒会役員選挙の投票結果を集計して表示するために，正しい順番に並べ替え，記入しなさい。ただし，入力データは番号，学年，組の昇順に整列されている。

入力データ

番号 (Ban)	候補者名 (Mei)	学年 (Nen)	組 (Kumi)	票数 (Hyou)
××	×××××××	×	×	××

実行結果

(生徒会役員選挙 組別投票結果集計表)					
(番号)	(候補者名)	(学年)	(組)	(票数)	
1	近藤秀祐				①
		1	1	19	②
		≀	≀	≀	
1	近藤秀祐		(小計)	505	③
2	佐護龍成				①
		1	1	4	②
		≀	≀	≀	
2	佐護龍成		(小計)	227	③
≀	≀		≀	≀	
			(総計)	835	④

ループ1で繰り返し

ループ2で繰り返し

・Bhozon，Mhozon，Shoukei　・Soukei
・Ban，Mei　・0 → Shoukei
・Ban → Bhozon　・0 → Soukei

解答

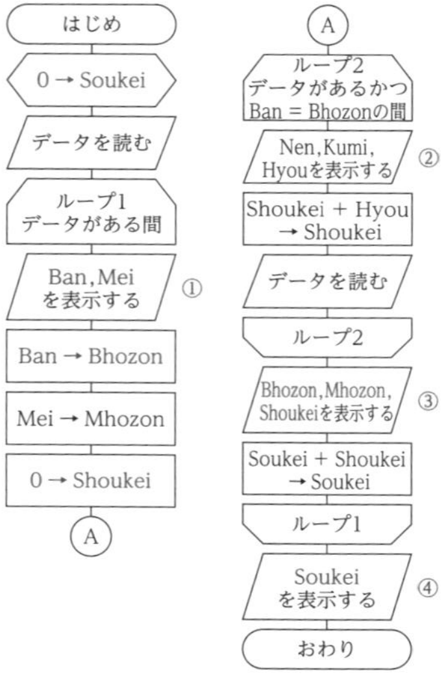

はじめ
0 → Soukei
データを読む
ループ1
データがある間
Ban,Mei
を表示する
①
Ban → Bhozon
Mei → Mhozon
0 → Shoukei
A
A
ループ2
データがあるかつ
Ban = Bhozonの間
Nen,Kumi,
Hyouを表示する
②
Shoukei + Hyou
→ Shoukei
データを読む
ループ2
Bhozon,Mhozon,
Shoukeiを表示する
③
Soukei + Shoukei
→ Soukei
ループ1
Soukei
を表示する
④
おわり

問題 5-2 生徒番号から部員名を探索して表示するために，正しい順番に並べ替え，記入しなさい。ただし，入力データにはエラーは存在しないものとする。

入力データ

生徒番号 (Bangou)
××××

実行結果

(新人大会出場選手表)	
(番号)	(部員名)
1311	北河紗衣
1227	中田こず衣
1501	石川綾音

	(0)	(1)	(2)	(3)	(4)	(5)
Ban	1119	1227	1311	1501	1505	1540
Mei	立石野乃	中田こず衣	北河紗衣	石川綾音	今泉伶菜	渡辺桃菜

・1 → Sw
・0 → Sw
・Chuuou + 1 → Kagen
・Chuuou - 1 → Jougen

解答

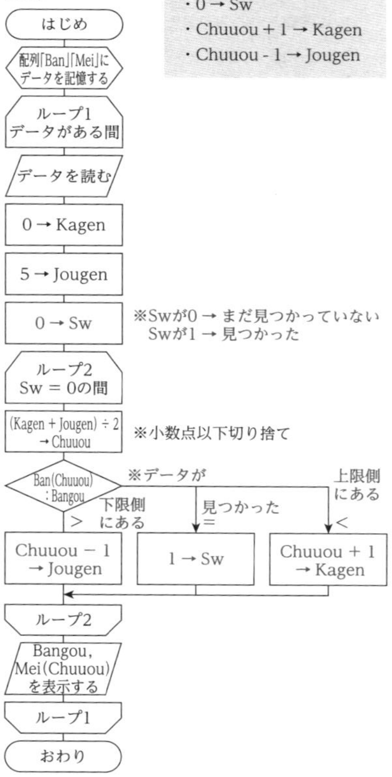

はじめ
配列「Ban」「Mei」にデータを記憶する
ループ1
データがある間
データを読む
0 → Kagen
5 → Jougen
0 → Sw
※Swが0 → まだ見つかっていない
Swが1 → 見つかった
ループ2
Sw = 0の間
(Kagen + Jougen) ÷ 2
→ Chuuou
※小数点以下切り捨て
Ban(Chuuou)
: Bangou
※データが
下限側
にある
見つかった
上限側
にある
Chuuou − 1
→ Jougen
1 → Sw
Chuuou + 1
→ Kagen
ループ2
Bangou,
Mei(Chuuou)
を表示する
ループ1
おわり

問題 5-3 学校購買部の売上データを集計して購入者別の購入金額を表示するために，正しい順番に並べ替え，記入しなさい。ただし，入力データは生徒番号の昇順に整列されている。

入力データ

番号 (Bangou)	商品名 (Hin)	金額 (Kin)
××××	×××××	×××

	(0)	(1)	(2)	(3)	(4)	(5)
Ban	1119	1227	1311	1501	1505	1540
Mei	立石野乃	中田こず衣	北河紗衣	石川綾音	今泉伶菜	渡辺桃菜

実行結果

(学校購買部 購入者別集計表)		
(購入者名)	(品名)	(金額)
立石野乃		
	おにぎり	110
	≀	≀
立石野乃	(小計)	1,630
今泉伶菜		
	ジュース	120
	≀	≀
今泉伶菜	(小計)	2,700
	≀	≀
	(総計)	35,160

・Sou + Shou → Sou　・Ban(Chuu) > Bangou
・0 → Ka　・0 → Shou
・Bangou = Bhoz　・Mei(Chuu)

解答

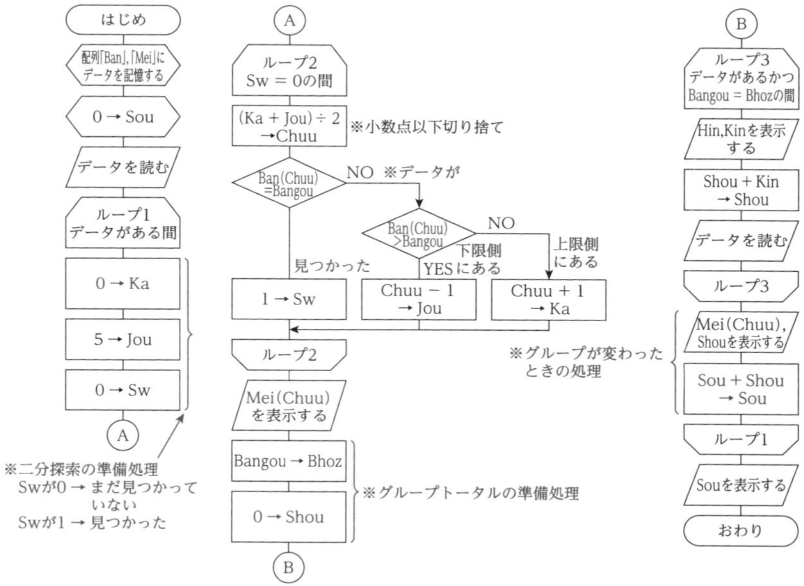

はじめ
配列「Ban」,「Mei」にデータを記憶する
0 → Sou
データを読む
ループ1
データがある間
0 → Ka
5 → Jou
0 → Sw
A
※二分探索の準備処理
Swが0 → まだ見つかっていない
Swが1 → 見つかった
A
ループ2
Sw = 0の間
(Ka + Jou) ÷ 2
→ Chuu
※小数点以下切り捨て
Ban(Chuu)
=Bangou
NO ※データが
Ban(Chuu)
>Bangou
NO
下限側
YES にある
上限側
にある
見つかった
1 → Sw
Chuu − 1
→ Jou
Chuu + 1
→ Ka
ループ2
Mei(Chuu)
を表示する
Bangou → Bhoz
0 → Shou
※グループトータルの準備処理
B
B
ループ3
データがあるかつ
Bangou = Bhozの間
Hin,Kinを表示する
Shou + Kin
→ Shou
データを読む
ループ3
Mei(Chuu),
Shouを表示する
Sou + Shou
→ Sou
※グループが変わったときの処理
ループ1
Souを表示する
おわり

ポイント！ グループトータルと二分探索の複合問題です。どちらの処理に該当するのかを理解しながら問題を解くと分かりやすくなります。

6 多次元配列

覚えよう!

1次元配列は，これまで学習してきた，添字がひとつの配列です。平屋(1階)建ての集合住宅を想像すると感覚が捉えやすくなります。

これに対し，添字がふたつの**2次元配列**を活用すれば，扱うデータの種類が大幅に広がります。2階建て以上の集合住宅を想像しましょう。

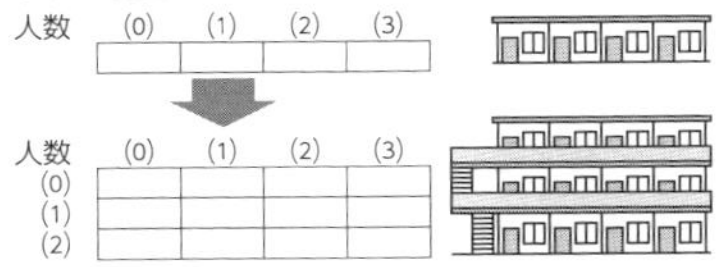

人数
(0)
(1)
(2)
(3)
人数
(0)
(1)
(2)
(3)
(0)
(1)
(2)

例題 6 多次元配列

1年1組から3年7組までの人数を順に表示するために，正しい順番に並べ替え，記入しなさい。

実行結果

(年)	(組)	(人数)
1	1	38
1	2	37
∫	∫	∫
3	7	36

人数	(0)	(1)	(2)	(3)	(4)	(5)	(6)	(7)
(0)								
(1)		38	37	39	39	39	38	38
(2)		35	39	38	38	39	38	38
(3)		35	35	32	35	34	36	36

(不使用)　※の行(不使用)

解答

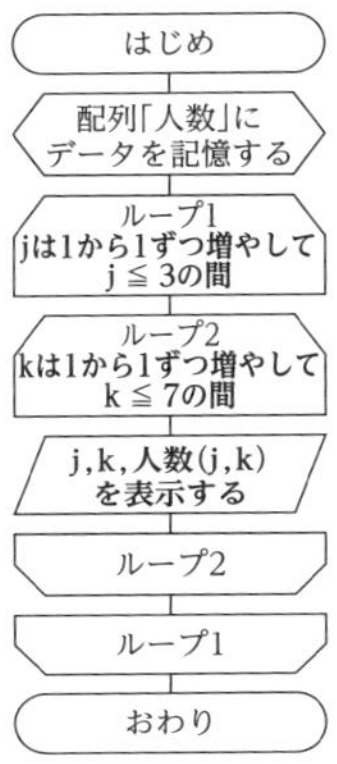

はじめ
配列「人数」にデータを記憶する
ループ1 jは1から1ずつ増やして j ≦ 3の間
ループ2 kは1から1ずつ増やして k ≦ 7の間
j,k,人数(j,k)を表示する
ループ2
ループ1
おわり

・j，k，人数(j，k)を表示する
・jは1から1ずつ増やしてj≦3の間
・kは1から1ずつ増やしてk≦7の間

問題 6-1

生徒会役員選挙当選者の得票数を立候補者別学年引に表示するために，正しい順番に並べ替え，記入しなさい。

実行結果

(当選者)	(1年生)	(2年生)	(3年生)
近藤秀祐	159	161	185
佐護龍成	83	71	73

※1～3のため，学年を示す添字

当選者	
(0)	
(1)	近藤秀祐
(2)	佐護龍成

票数	(0)	(1)	(2)	(3)
(0)				
(1)		159	161	185
(2)		83	71	73

※1～2のため，候補者を示す添字

・票数(j，k)を表示する
・当選者(j)を表示する
・改行処理をする

解答

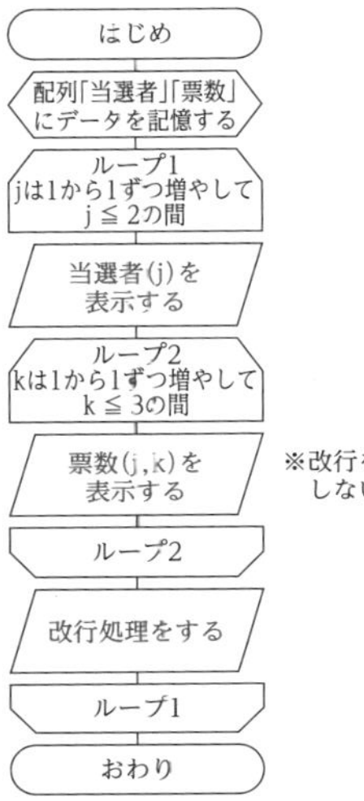

はじめ
配列「当選者」「票数」にデータを記憶する
ループ1 jは1から1ずつ増やして j ≦ 2の間
当選者(j)を表示する
ループ2 kは1から1ずつ増やして k ≦ 3の間
票数(j,k)を表示する
※改行をしない
ループ2
改行処理をする
ループ1
おわり

※jとkのトレース表

j	k
1	1
	2
	3
2	1
	2
	3

実際にはループ2でkが4になってからjが加算され，ループ1でjが3になってからおわりに進むが，本書では省略している。（以降同）

ポイント! "取り得る値"に注目してみましょう。当選者は今回2名ですから，1～2の値を持つ縦の添字(カッコ内では，先の添字)とデータ数が一致します。用いる添字はループ1で，1～2と変化するjです。

一方，学年は3学年ですから，1～3の値を持つ横の添字(カッコ内では，後の添字)とデータ数が一致します。用いる添字はループ2で，1～3と変化するkです。

問題 6-2

修学旅行先の希望人数を2次元配列に集計してから表示するために，正しい順番に並べ替え，記入しなさい。

入力データ

(月)	(コード)	(都道府県名)
5	38	愛媛県
10	42	長崎県
1	26	京都府
8	1	北海道
10	34	広島県
∫	∫	∫

実行結果

(月)	(北海道)	～	(沖縄県)
1	33	～	25
2	19	～	16
∫	∫	∫	∫

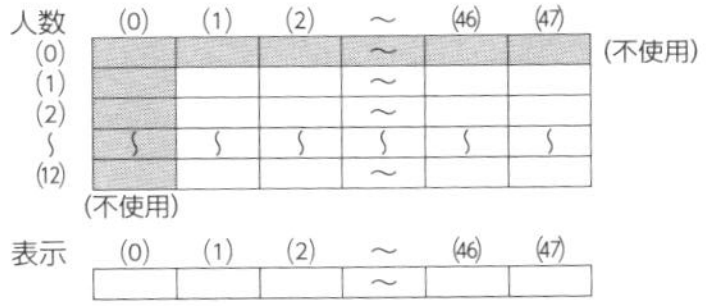

人数
(0)
(1)
(2)
～
(46)
(47)
(不使用)
(12)
表示

・人数(月，コード)＋1→人数(月，コード)
・表示(0)～表示(47)を表示する
・人数(j，k)→表示(k)

解答

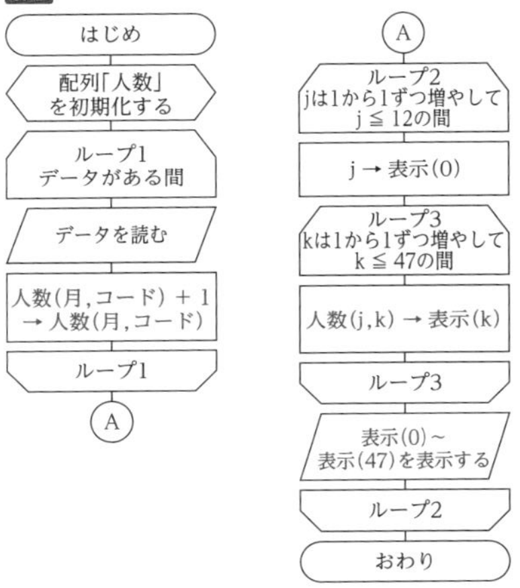

はじめ
配列「人数」を初期化する
ループ1 データがある間
データを読む
人数(月,コード)＋1 → 人数(月,コード)
ループ1
A
A
ループ2 jは1から1ずつ増やして j ≦ 12の間
j → 表示(0)
ループ3 kは1から1ずつ増やして k ≦ 47の間
人数(j,k) → 表示(k)
ループ3
表示(0)～表示(47)を表示する
ループ2
おわり

※ループ2は1～12のため，月を表す
※ループ3は1～47のため，コードを表す

問題 6-3

修学旅行先の希望人数を2次元配列に集計してから表示するために，正しい順番に並べ替え，記入しなさい。

入力データ

(月)	(コード)	(都道府県名)
5	38	愛媛県
10	42	長崎県
1	26	京都府
8	1	北海道
10	34	広島県
∫	∫	∫

実行結果

(月)	(北海道)	～	(沖縄県)	(合計)
1	33	～	25	93
2	19	～	16	75
∫	∫ ∫		∫	∫
合計	258	～	220	990

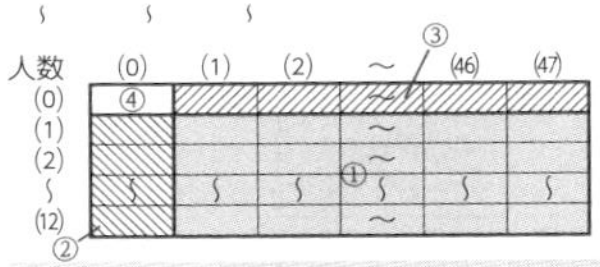

人数
(0)
(1)
(2)
～
(46)
(47)
(12)
①
②
③
④

・"合計"，人数(0，1)～人数(0，47)，人数(0，0)
・人数(月，0)＋1→人数(月，0)
・人数(0，コード)＋1→人数(0，コード)

解答

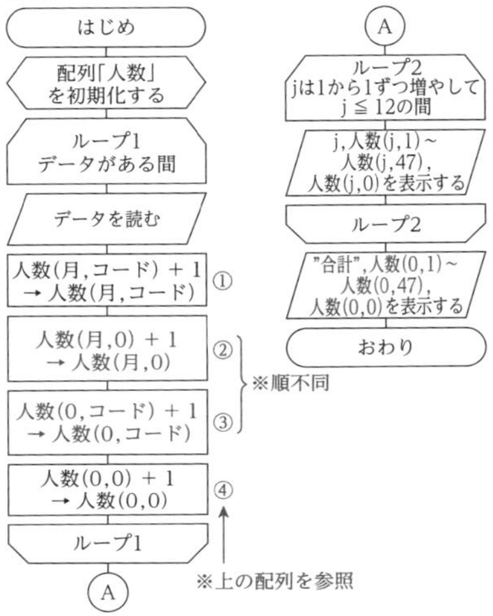

はじめ
配列「人数」を初期化する
ループ1 データがある間
データを読む
人数(月,コード)＋1 → 人数(月,コード)
①
人数(月,0)＋1 → 人数(月,0)
②
人数(0,コード)＋1 → 人数(0,コード)
③
※順不同
人数(0,0)＋1 → 人数(0,0)
④
※上の配列を参照
ループ1
A
A
ループ2 jは1から1ずつ増やして j ≦ 12の間
j,人数(j,1)～人数(j,47),人数(j,0)を表示する
ループ2
"合計",人数(0,1)～人数(0,47),人数(0,0)を表示する
おわり

ポイント! 配列の0番地などは，合計の計算場所として使われることがあります。この場合，どこを集計しているのか，配列に色を塗ると大変分かりやすくなるでしょう。

7 順位付け1

覚えよう!

定義済処理

別の場所で定義された処理の呼び出し

例題 7 順位付け1

次の6人の獲得ポイントを降順に順位付けして表示するために，正しい順番に並べ替え，記入しなさい。ただし，入力データはポイントの降順に整列されている。

入力データ

(氏名)	(ポイント)
齋藤あい	97
竹下榛南	71
加藤雅夕	66
南知梨	66
金原実郁	53
村松春奈	51

実行結果

(氏名)	(ポイント)	(順位)
齋藤あい	97	1
竹下榛南	71	2
加藤雅夕	66	3
南知梨	66	3
金原実郁	53	5
村松春奈	51	6

・n → 順位
・999 → 保存
・ポイント < 保存

解答

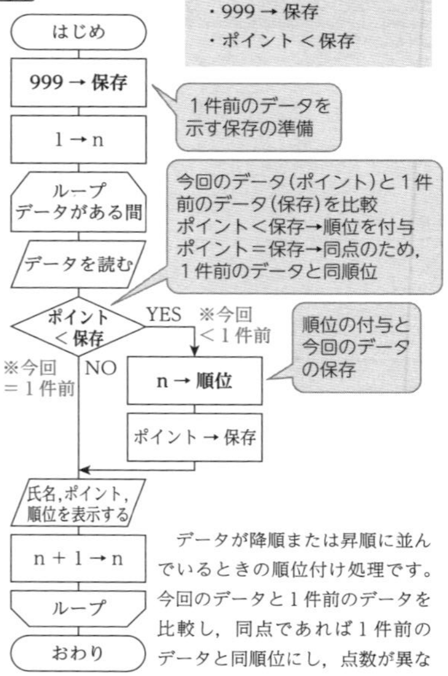

はじめ
999 → 保存
1件前のデータを示す保存の準備
1 → n
ループ データがある間
データを読む
今回のデータ(ポイント)と1件前のデータ(保存)を比較
ポイント<保存→順位を付与
ポイント=保存→同点のため，1件前のデータと同順位
ポイント < 保存
YES ※今回 < 1件前
n → 順位
順位の付与と今回のデータの保存
ポイント → 保存
※今回 = 1件前
NO
氏名,ポイント,順位を表示する
n + 1 → n
ループ
おわり

データが降順または昇順に並んでいるときの順位付け処理です。今回のデータと1件前のデータを比較し，同点であれば1件前のデータと同順位にし，点数が異なれば新たな順位を付与します。

問題 7-1 次の6人の獲得ポイントを降順に順位付けして表示するために，正しい順番に並べ替え，記入しなさい。ただし，入力データはポイントの降順に整列されている。

入力データ

(氏名)	(ポイント)
齋藤あい	97
竹下榛南	71
加藤雅夕	66
南知梨	66
金原実郁	53
村松春奈	51

実行結果

(氏名)	(ポイント)	(順位)
齋藤あい	97	1
竹下榛南	71	2
加藤雅夕	66	3
南知梨	66	3
金原実郁	53	5
村松春奈	51	6

・1 → 順位
・n + 1 → n
・ポイント → 保存
・ポイント < 保存

解答

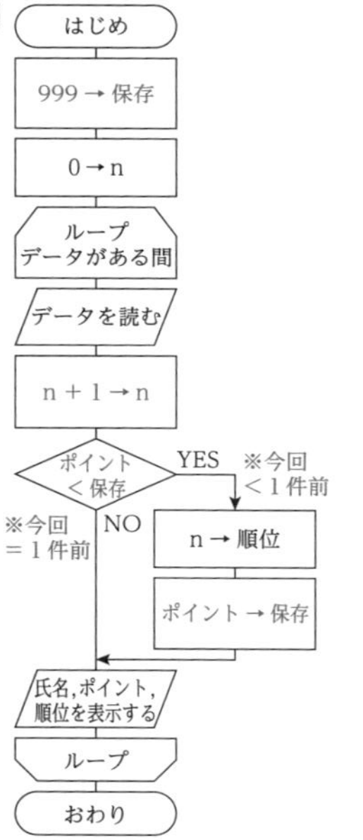

はじめ
999 → 保存
0 → n
ループ データがある間
データを読む
n + 1 → n
ポイント < 保存
YES ※今回 < 1件前
n → 順位
ポイント → 保存
※今回 = 1件前
NO
氏名,ポイント,順位を表示する
ループ
おわり

ポイント! データが降順に並んでいるので，ポイント > 保存という場合は存在しません。

問題 7-2 次の6人の獲得ポイントを降順に順位付けして表示するために，正しい順番に並べ替え，記入しなさい。ただし，配列「ポイント」内のデータは降順に整列されている。

実行結果

(氏名)	(ポイント)	(順位)
齋藤あい	97	1
竹下榛南	71	2
加藤雅夕	66	3
南知梨	66	3
金原実郁	53	5
村松春奈	51	6

	(0)	(1)	(2)	(3)	(4)	(5)
名簿	齋藤あい	竹下榛南	加藤雅夕	南知梨	金原実郁	村松春奈
ポイント	97	71	66	66	53	51

・n + 1 → 順位
・999 → 保存
・ポイント(n) < 保存

解答

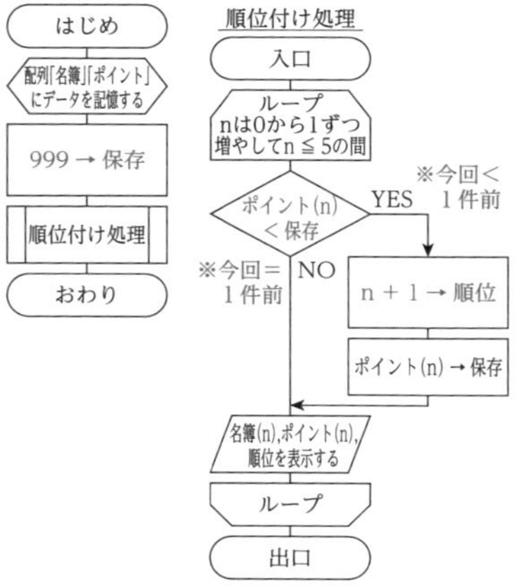

はじめ
配列「名簿」「ポイント」にデータを記憶する
999 → 保存
順位付け処理
おわり
順位付け処理
入口
ループ nは0から1ずつ増やしてn ≦ 5の間
ポイント(n) < 保存
YES ※今回< 1件前
n + 1 → 順位
ポイント(n) → 保存
※今回= 1件前
NO
名簿(n),ポイント(n),順位を表示する
ループ
出口

ポイント! nは0から始まっていますが，順位は1位からです。よって，n + 1 → 順位 で調整をします。

問題 7-3 次の6人の獲得ポイントを降順に順位付けして表示するために，正しい順番に並べ替え，記入しなさい。ただし，配列「ポイント」内のデータは降順に整列されている。

実行結果

(氏名)	(ポイント)	(順位)
齋藤あい	97	1
竹下榛南	71	2
加藤雅夕	66	3
南知梨	66	3
金原実郁	53	5
村松春奈	51	6

	(0)	(1)	(2)	(3)	(4)	(5)
名簿	齋藤あい	竹下榛南	加藤雅夕	南知梨	金原実郁	村松春奈
ポイント	97	71	66	66	53	51
順位						

・ポイント(n) → Hozon
・順位(n - 1) → 順位(n)
・ポイント(n) = Hozon
・999 → Hozon

解答

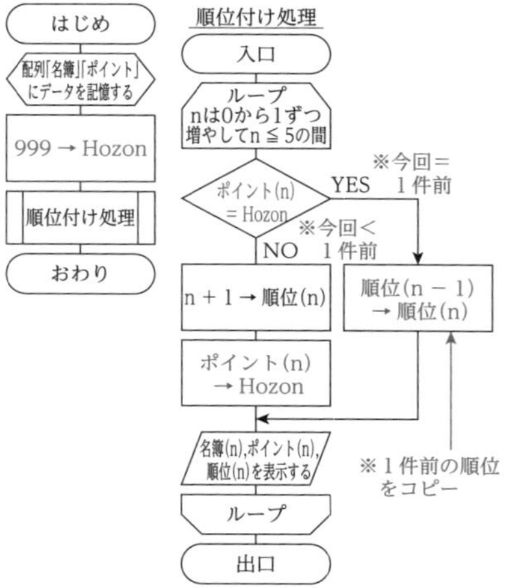

はじめ
配列「名簿」「ポイント」にデータを記憶する
999 → Hozon
順位付け処理
おわり
順位付け処理
入口
ループ nは0から1ずつ増やしてn ≦ 5の間
ポイント(n) = Hozon
YES ※今回= 1件前
順位(n − 1) → 順位(n)
※今回< 1件前
NO
n + 1 → 順位(n)
ポイント(n) → Hozon
名簿(n),ポイント(n),順位(n)を表示する
※ 1件前の順位をコピー
ループ
出口

ポイント! 配列を使った処理が増えてきます。ポイントが1件前と同点の場合，1件前の順位をコピーしています。

8 順位付け2

例題 8 順位付け2

次の4人の得点を降順に順位付けして表示するために，正しい順番に並べ替え，記入しなさい。

実行結果

(得点)	(順位)
64	3
58	4
77	2
89	1

	(0)	(1)	(2)	(3)
得点	64	58	77	89
順位				

・得点(j) < 得点(k)
・順位(j) + 1 → 順位(j)
・1 → 順位(n)

解答

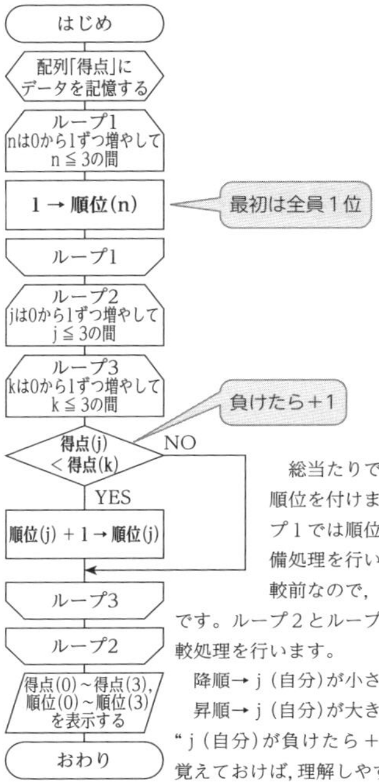

はじめ
配列「得点」にデータを記憶する
ループ1 nは0から1ずつ増やして n ≦ 3の間
1 → 順位(n)
最初は全員1位
ループ1
ループ2 jは0から1ずつ増やして j ≦ 3の間
ループ3 kは0から1ずつ増やして k ≦ 3の間
負けたら+1
得点(j) < 得点(k)
NO
YES
順位(j) + 1 → 順位(j)
ループ3
ループ2
得点(0)～得点(3), 順位(0)～順位(3) を表示する
おわり

総当たりで比較して順位を付けます。ループ1では順位付けの準備処理を行います。比較前なので，全員1位です。ループ2とループ3では比較処理を行います。

降順→ j（自分）が小さいと +1
昇順→ j（自分）が大きいと +1
“j（自分）が負けたら +1”などと覚えておけば，理解しやすいです。

問題 8-1 以下の処理を，フローチャートとして記入しなさい。

・添字nを使い，配列「順位」に1を記憶させる。

解答

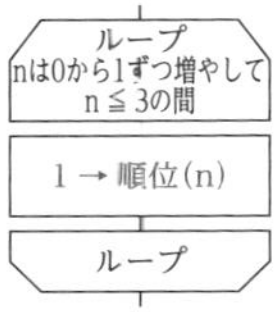

ループ nは0から1ずつ増やして n ≦ 3の間
1 → 順位(n)
ループ

ポイント！ 順位付けの処理では，準備処理として配列のすべての要素に1を記憶させます。

問題 8-2 以下の処理を，フローチャートとして記入しなさい。

・得点(j)が得点(k)よりも小さい場合，順位(j)に1を加える。

解答

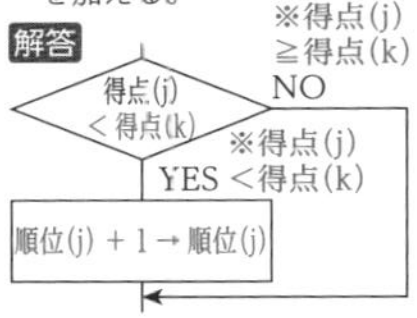

得点(j) < 得点(k)
NO
※得点(j) ≧ 得点(k)
YES
※得点(j) < 得点(k)
順位(j) + 1 → 順位(j)

ポイント！ 降順に順位を付けるときの判定処理です。得点が低い場合，順位に1を加えます。

問題 8-3 順位付けを行うフローチャートの添字の組み合わせにおいて，トレースを行いなさい。

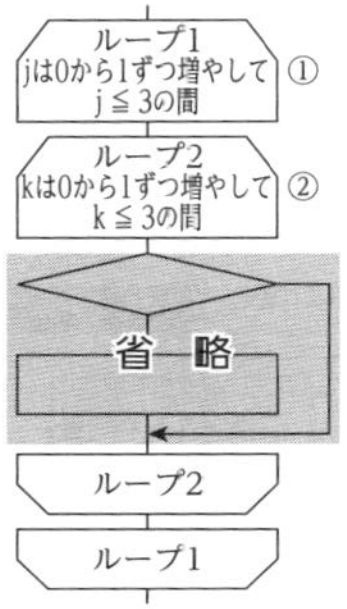

ループ1 jは0から1ずつ増やして j ≦ 3の間 ①
ループ2 kは0から1ずつ増やして k ≦ 3の間 ②
省　略
ループ2
ループ1

ポイント！ ②を実行した後の状態に注目しましょう。この順位付けのアルゴリズムでは比較の組み合わせは 配列の要素数 × 配列の要素数 となります。

解答

		j	k	
1巡目	①	0	—	
	②	0	0	※
	②	0	1	※
	②	0	2	※
	②	0	3	※
2巡目	①	1	3	
	②	1	0	※
	②	1	1	※
	②	1	2	※
	②	1	3	※
3巡目	①	2	3	
	②	2	0	※
	②	2	1	※
	②	2	2	※
	②	2	3	※
4巡目	①	3	3	
	②	3	0	※
	②	3	1	※
	②	3	2	※
	②	3	3	※

※ j 番目と k 番目を比較し，+1を行う

問題 8-4 次の4人の得点を降順に順位付けして表示するために，正しい順番に並べ替え，記入しなさい。

実行結果

(氏名)	(得点)	(順位)
加藤恭也	64	3
菊池二千翔	58	4
鈴木貴大	77	2
出川巧	89	1

	(0)	(1)	(2)	(3)
名簿	加藤恭也	菊池二千翔	鈴木貴大	出川巧
得点	64	58	77	89
順位				

・j ≦ 3
・順位(j) + 1 → 順位(j)
・得点(j) < 得点(k)
・1 → 順位(n)

解答

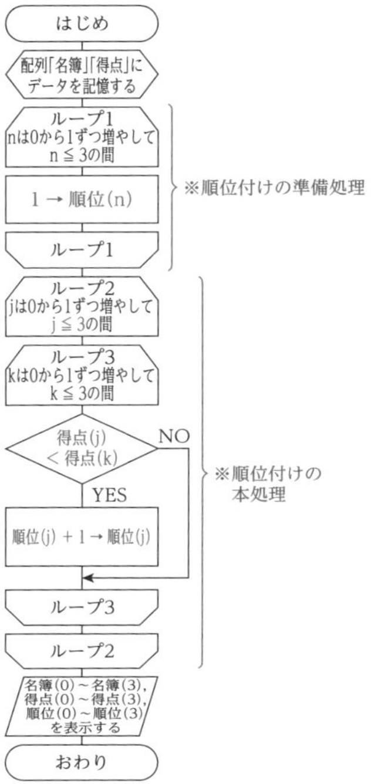

はじめ
配列「名簿」「得点」にデータを記憶する
ループ1 nは0から1ずつ増やして n ≦ 3の間
1 → 順位(n)
ループ1
※順位付けの準備処理
ループ2 jは0から1ずつ増やして j ≦ 3の間
ループ3 kは0から1ずつ増やして k ≦ 3の間
得点(j) < 得点(k)
NO
YES
順位(j) + 1 → 順位(j)
ループ3
ループ2
※順位付けの本処理
名簿(0)～名簿(3), 得点(0)～得点(3), 順位(0)～順位(3) を表示する
おわり

問題 8-5 以下の処理を，フローチャートとして記入しなさい。

・時間(j)が時間(k)よりも大きい場合，順位(j)に1を加える。

解答

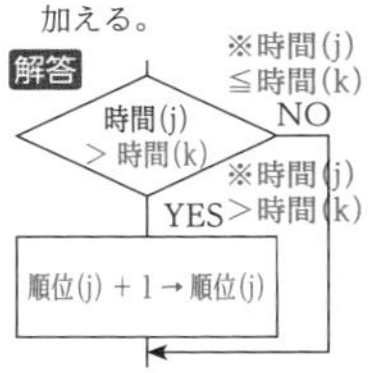

時間(j) > 時間(k)
※時間(j) ≦ 時間(k)
NO
YES
※時間(j) > 時間(k)
順位(j) + 1 → 順位(j)

ポイント！ 昇順に順位を付けるときの判定処理です。時間が遅い場合，順位に1を加えます。

問題 8-6 次の4人の通学時間を昇順に順位付けして表示するために，正しい順番に並べ替え，記入しなさい。

実行結果

(氏名)	(時間)	(到着順)
加藤恭也	60	4
菊池二千翔	20	2
鈴木貴大	5	1
出川巧	20	2

・1 → 順位(n)
・時間(j) > 時間(k)
・順位(j) + 1 → 順位(j)
・k ≦ 3

	(0)	(1)	(2)	(3)
名簿	加藤恭也	菊池二千翔	鈴木貴大	出川巧
時間	60	20	5	20
順位				

解答

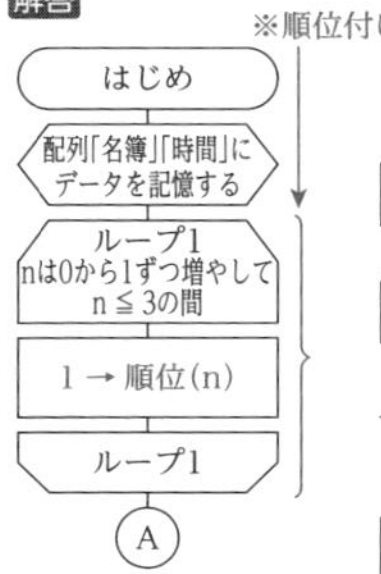

※順位付けの準備処理
はじめ
配列「名簿」「時間」にデータを記憶する
ループ1 nは0から1ずつ増やして n ≦ 3の間
1 → 順位(n)
ループ1
A

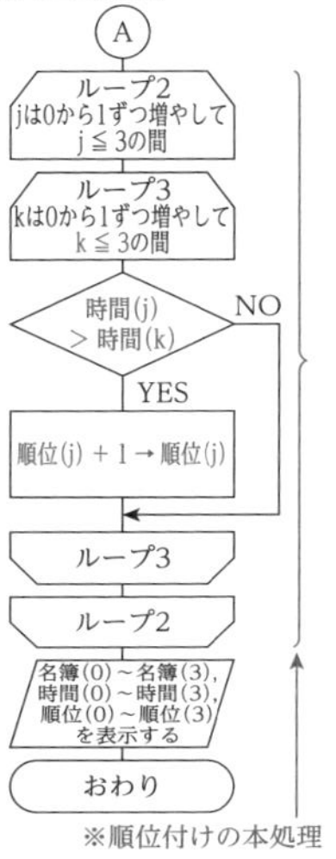

A
ループ2 jは0から1ずつ増やして j ≦ 3の間
ループ3 kは0から1ずつ増やして k ≦ 3の間
時間(j) > 時間(k)
NO
YES
順位(j) + 1 → 順位(j)
ループ3
ループ2
名簿(0)～名簿(3), 時間(0)～時間(3), 順位(0)～順位(3) を表示する
おわり
※順位付けの本処理

ポイント！ 昇順のときの順位付けです。判定の際の不等号の向きには気をつけましょう。また，時間(j)と時間(k)が＝の場合，+1の処理を行いません。同数の場合は同順位です。

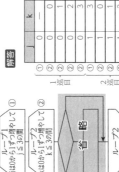

9 順位付け3

例題 9 順位付け3

次の4人の得点を降順に順位付けして表示するために，正しい順番に並べ替え，記入しなさい。

実行結果

(得点)	(順位)
64	3
58	4
77	2
89	1

- 得点(j) > 得点(k)
- 順位(k) + 1 → 順位(k)
- 1 → 順位(n)

	(0)	(1)	(2)	(3)
得点	64	58	77	89
順位				

解答

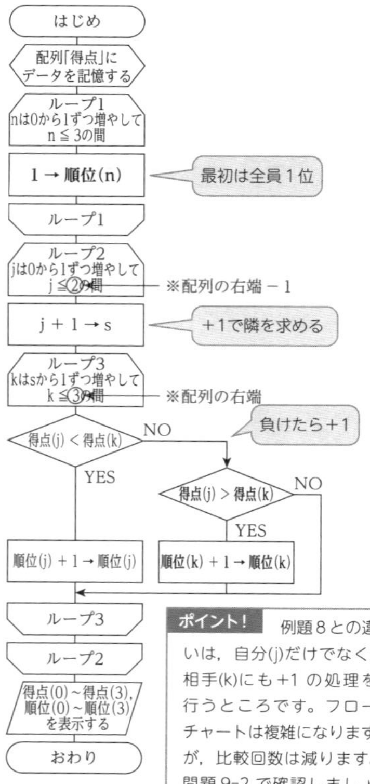
はじめ
配列「得点」にデータを記憶する
ループ1 nは0から1ずつ増やして n ≦ 3の間
1 → 順位(n)
最初は全員1位
ループ1
ループ2 jは0から1ずつ増やして j ≦ ②の間
※配列の右端 − 1
j + 1 → s
+1で隣を求める
ループ3 kはsから1ずつ増やして k ≦ ③の間
※配列の右端
得点(j) < 得点(k)
NO
YES
負けたら+1
得点(j) > 得点(k)
順位(j) + 1 → 順位(j)
順位(k) + 1 → 順位(k)
ループ3
ループ2
得点(0) ~ 得点(3)，順位(0) ~ 順位(3) を表示する
おわり

ポイント！ 例題8との違いは，自分(j)だけでなく，相手(k)にも+1 の処理を行うところです。フローチャートは複雑になりますが，比較回数は減ります。問題 9-2 で確認しましょう。

問題 9-1 以下の処理を，フローチャートとして記入しなさい。

- 得点(j)と得点(k)を比較し，得点(j)が低い場合は順位(j)に，得点(k)が低い場合は順位(k)に，1を加える。

解答

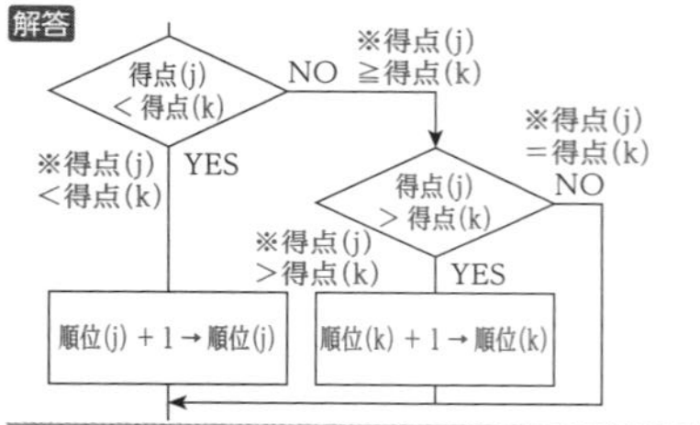
得点(j) < 得点(k)
NO
※得点(j) ≧得点(k)
※得点(j) <得点(k)
YES
得点(j) > 得点(k)
※得点(j) =得点(k)
NO
※得点(j) >得点(k)
YES
順位(j) + 1 → 順位(j)
順位(k) + 1 → 順位(k)

ポイント！ 降順に順位を付けるときの判定処理です。得点が低い方の，対応する順位に1を加えます。

問題 9-2 順位付けを行うフローチャートの添字の組み合わせにおいて，トレースを行いなさい。

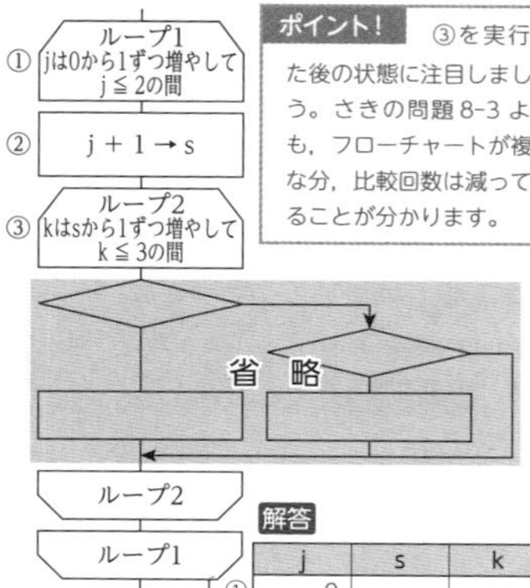
① ループ1 jは0から1ずつ増やして j ≦ 2の間
② j + 1 → s
③ ループ2 kはsから1ずつ増やして k ≦ 3の間
省 略
ループ2
ループ1

ポイント！ ③を実行した後の状態に注目しましょう。さきの問題 8-3 よりも，フローチャートが複雑な分，比較回数は減っていることが分かります。

解答

		j	s	k	
1巡目	①	0	—	—	
	②	0	1	—	
	③	0	1	1	※
	③	0	1	2	※
	③	0	1	3	※
2巡目	①	1	1	3	
	②	1	2	3	
	③	1	2	2	※
	③	1	2	3	※
3巡目	①	2	2	3	
	②	2	3	3	
	③	2	3	3	※

※ j番目とk番目を比較し，+1を行う

問題 9-3 次の4人の得点を降順に順位付けして表示するために，正しい順番に並べ替え，記入しなさい。

実行結果

(氏名)	(得点)	(順位)
加藤恭也	64	3
菊池二千翔	58	4
鈴木貴大	77	2
出川巧	89	1

	(0)	(1)	(2)	(3)
名簿	加藤恭也	菊池二千翔	鈴木貴大	出川巧
得点	64	58	77	89
順位				

解答

- j + 1 → s
- 1 → 順位(n)
- 得点(j) > 得点(k)
- 順位(j) + 1 → 順位(j)

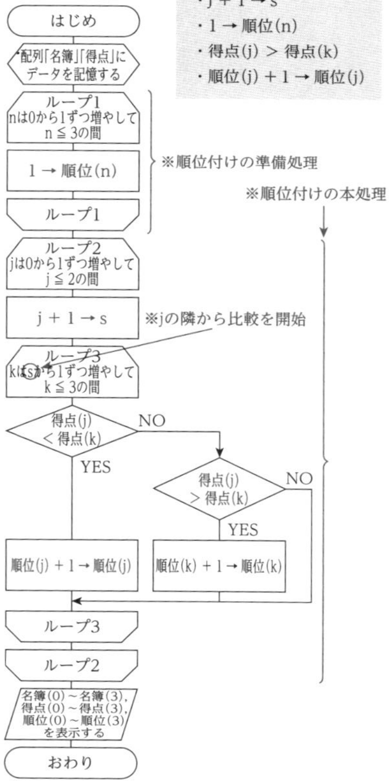
はじめ
配列「名簿」「得点」にデータを記憶する
ループ1 nは0から1ずつ増やして n ≦ 3の間
1 → 順位(n)
ループ1
※順位付けの準備処理
※順位付けの本処理
ループ2 jは0から1ずつ増やして j ≦ 2の間
j + 1 → s
※jの隣から比較を開始
ループ3 kは(s)から1ずつ増やして k ≦ 3の間
得点(j) < 得点(k)
NO
YES
得点(j) > 得点(k)
NO
YES
順位(j) + 1 → 順位(j)
順位(k) + 1 → 順位(k)
ループ3
ループ2
名簿(0) ~ 名簿(3)，得点(0) ~ 得点(3)，順位(0) ~ 順位(3) を表示する
おわり

問題 9-4 次の4人の通学時間を昇順に順位付けして表示するために，正しい順番に並べ替え，記入しなさい。また，(　)内に正しい不等号を記入しなさい。

実行結果

(氏名)	(時間)	(到着順)
加藤恭也	60	4
菊池二千翔	20	2
鈴木貴大	5	1
出川巧	20	2

	(0)	(1)	(2)	(3)
名簿	加藤恭也	菊池二千翔	鈴木貴大	出川巧
時間	60	20	5	20
順位				

解答

- j ≦ 2
- 順位(k) + 1 → 順位(k)
- 1 → 順位(n)
- k ≦ 3

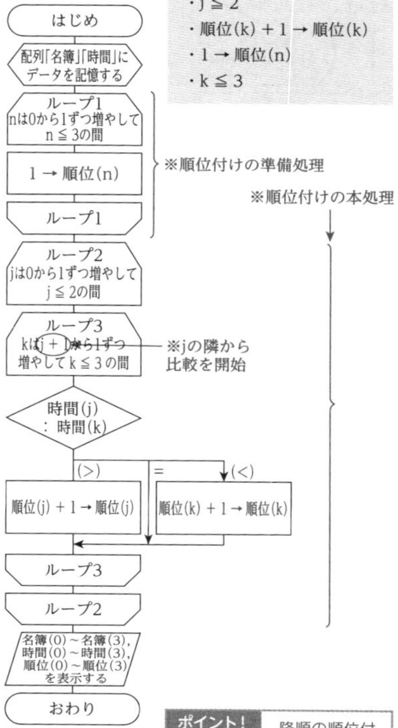
はじめ
配列「名簿」「時間」にデータを記憶する
ループ1 nは0から1ずつ増やして n ≦ 3の間
1 → 順位(n)
ループ1
※順位付けの準備処理
※順位付けの本処理
ループ2 jは0から1ずつ増やして j ≦ 2の間
ループ3 kは(j + 1)から1ずつ増やして k ≦ 3の間
※jの隣から比較を開始
時間(j) : 時間(k)
(>)
=
(<)
順位(j) + 1 → 順位(j)
順位(k) + 1 → 順位(k)
ループ3
ループ2
名簿(0) ~ 名簿(3)，時間(0) ~ 時間(3)，順位(0) ~ 順位(3) を表示する
おわり

ポイント！ 降順の順位付けか，昇順の順位付けかは常に意識しておきましょう。

10 演習問題2

問題 10-1 県大会の得点の降順に順位付けして表示するために，正しい順番に並べ替え，記入しなさい。ただし，配列「Ten」内の値は降順に整列されている。

実行結果

（県大会得点表）

（順位）	（得点）	（氏名）
1	130	中田こず衣
2	118	北河紗衣
3	107	石川綾音
4	104	立石野乃
4	104	今泉伶菜
6	101	渡辺桃菜

	(0)	(1)	(2)	(3)	(4)	(5)
Mei	中田こず衣	北河紗衣	石川綾音	立石野乃	今泉伶菜	渡辺桃菜
Ten	130	118	107	104	104	101

- n + 1 → Jun
- 999 → Hozon
- Ten(n) ≧ Hozon

解答

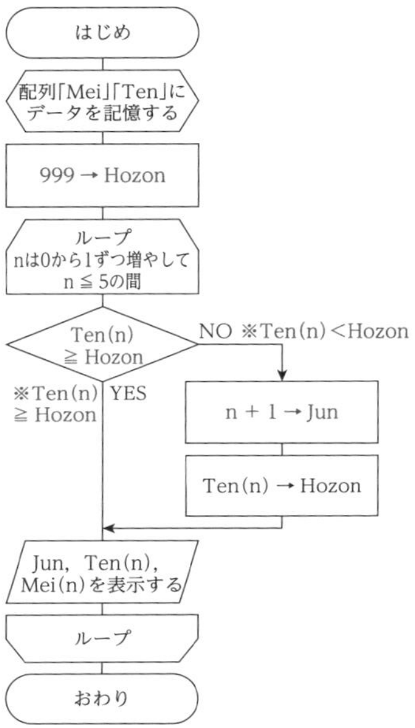

はじめ
配列「Mei」「Ten」にデータを記憶する
999 → Hozon
ループ nは0から1ずつ増やして n ≦ 5の間
Ten(n) ≧ Hozon
NO ※Ten(n) <Hozon
※Ten(n) ≧ Hozon
YES
n + 1 → Jun
Ten(n) → Hozon
Jun，Ten(n)，Mei(n)を表示する
ループ
おわり

問題 10-2 県大会の得点の降順に順位付けして表示するために，正しい順番に並べ替え，記入しなさい。

実行結果

（県大会得点表）

（順位）	（得点）	（氏名）
4	104	立石野乃
1	130	中田こず衣
2	118	北河紗衣
3	107	石川綾音
4	104	今泉伶菜
6	101	渡辺桃菜

	(0)	(1)	(2)	(3)	(4)	(5)
Mei	立石野乃	中田こず衣	北河紗衣	石川綾音	今泉伶菜	渡辺桃菜
Ten	104	130	118	107	104	101
Jun						

- 1 → Jun(n)
- Jun(n)，Ten(n)，Mei(n) を表示する
- Ten(p) < Ten(q)
- Jun(p) + 1 → Jun(p)

解答

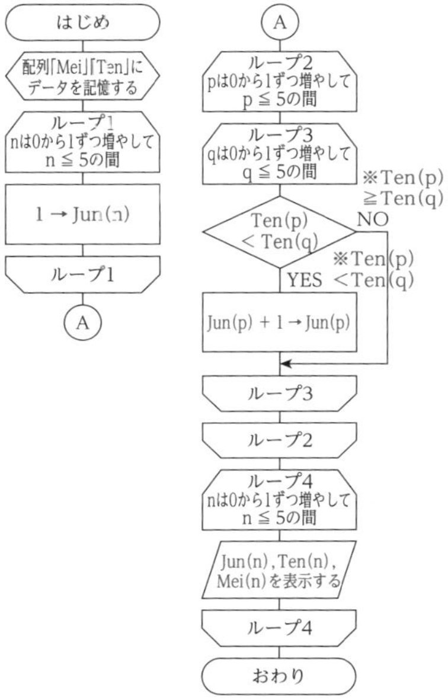

はじめ
配列「Mei」「Ten」にデータを記憶する
ループ1 nは0から1ずつ増やして n ≦ 5の間
1 → Jun(n)
ループ1
A
A
ループ2 pは0から1ずつ増やして p ≦ 5の間
ループ3 qは0から1ずつ増やして q ≦ 5の間
Ten(p) < Ten(q)
※Ten(p) ≧ Ten(q)
NO
※Ten(p) <Ten(q)
YES
Jun(p) + 1 → Jun(p)
ループ3
ループ2
ループ4 nは0から1ずつ増やして n ≦ 5の間
Jun(n), Ten(n), Mei(n)を表示する
ループ4
おわり

問題 10-3 県大会の得点の降順に順位付けして表示するために，正しい順番に並べ替え，記入しなさい。

実行結果

（県大会得点表）

（順位）	（得点）	（氏名）
4	104	立石野乃
1	130	中田こず衣
2	118	北河紗衣
3	107	石川綾音
4	104	今泉伶菜
6	101	渡辺桃菜

	(0)	(1)	(2)	(3)	(4)	(5)
Mei	立石野乃	中田こず衣	北河紗衣	石川綾音	今泉伶菜	渡辺桃菜
Ten	104	130	118	107	104	101
Jun						

解答

- Jun(p)+1 → Jun(p)
- Ten(p) ≧ Ten(q)
- 1 → Jun(p)

ポイント！ 問題10-2はループ1であらかじめ順位を示す配列Junに1を入れていましたが，本問では順位付け本処理の直前に1を入れています。

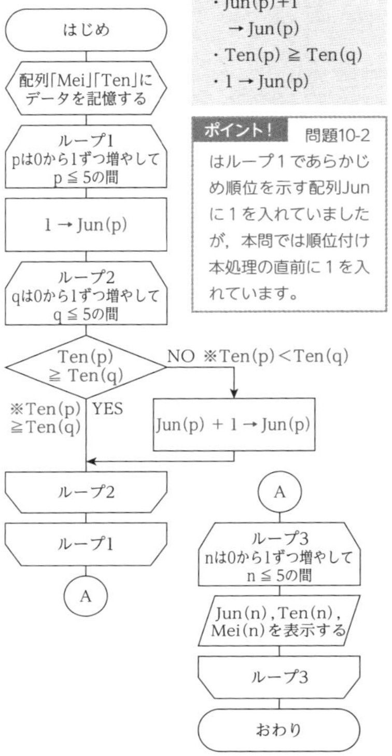

はじめ
配列「Mei」「Ten」にデータを記憶する
ループ1 pは0から1ずつ増やして p ≦ 5の間
1 → Jun(p)
ループ2 qは0から1ずつ増やして q ≦ 5の間
Ten(p) ≧ Ten(q)
NO ※Ten(p) <Ten(q)
※Ten(p) ≧Ten(q)
YES
Jun(p) + 1 → Jun(p)
ループ2
ループ1
A
A
ループ3 nは0から1ずつ増やして n ≦ 5の間
Jun(n), Ten(n), Mei(n)を表示する
ループ3
おわり

問題 10-4 県大会の得点の降順に順位付けして表示するために，正しい順番に並べ替え，記入しなさい。

実行結果

（県大会得点表）

（順位）	（得点）	（氏名）
4	104	立石野乃
1	130	中田こず衣
2	118	北河紗衣
3	107	石川綾音
4	104	今泉伶菜
6	101	渡辺桃菜

	(0)	(1)	(2)	(3)	(4)	(5)
Mei	立石野乃	中田こず衣	北河紗衣	石川綾音	今泉伶菜	渡辺桃菜
Ten	104	130	118	107	104	101
Jun						

解答

- p + 1 → r
- 1 → Jun(n)
- Jun(p) + 1 → Jun(p)
- Jun(q) + 1 → Jun(q)

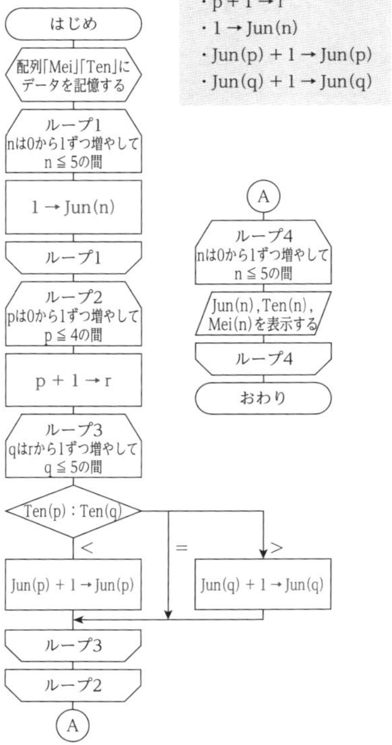

はじめ
配列「Mei」「Ten」にデータを記憶する
ループ1 nは0から1ずつ増やして n ≦ 5の間
1 → Jun(n)
ループ1
ループ2 pは0から1ずつ増やして p ≦ 4の間
p + 1 → r
ループ3 qはrから1ずつ増やして q ≦ 5の間
Ten(p) : Ten(q)
<
=
>
Jun(p) + 1 → Jun(p)
Jun(q) + 1 → Jun(q)
ループ3
ループ2
A
A
ループ4 nは0から1ずつ増やして n ≦ 5の間
Jun(n), Ten(n), Mei(n)を表示する
ループ4
おわり

11 ソートの基礎

例題 11　**ソートの基礎**

2台の車が駐車してある。この2台の駐車場所を入れ替えるために，正しい順番に並べ替え，記入しなさい。

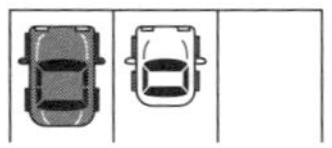
(1)
(2)
(3)

・駐車場(3)の車を駐車場(2)に移動させる
・駐車場(1)の車を駐車場(3)に移動させる
・駐車場(2)の車を駐車場(1)に移動させる

解答

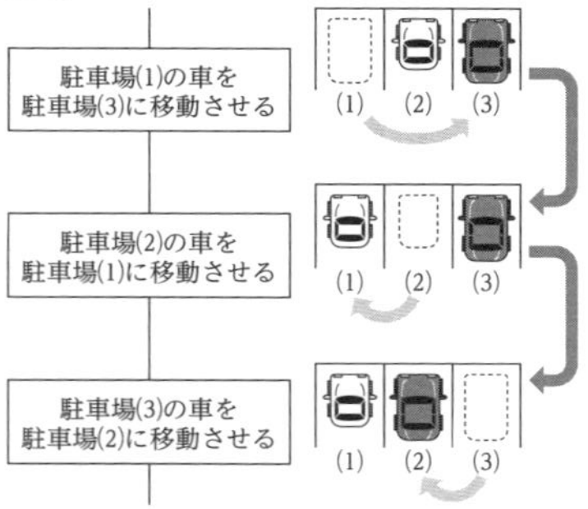
駐車場(1)の車を駐車場(3)に移動させる
駐車場(2)の車を駐車場(1)に移動させる
駐車場(3)の車を駐車場(2)に移動させる
(1)
(2)
(3)

ソートとは，並べ替えのことです。分類や整列とも呼ばれます。ソートには，たくさんの種類がありますが，本書では3種類を取り扱います。

・**バブルソート**(隣接交換法)
　隣同士を比較して入替を行う方法
・**セレクションソート**(選択法，セレクトソート)
　最大値または最小値を探して順に並べる方法
・**インサーションソート**(挿入法，インサートソート)
　データを後ろにずらして空きを作り挿入する方法

上記のうち，バブルソートとセレクションソートでは，例題に示したような，ふたつの車(データ)の場所の入替を行う，「入替３点セット」を使います。これを覚えておくと，次の学習が楽になります。

問題 11-1 以下の処理を，フローチャートとして記入しなさい。
・得点(j)が得点(k)よりも小さい場合，得点(j)と得点(k)の入替を行う。
・入替を行う際には，一時 という記憶領域を利用する。

解答

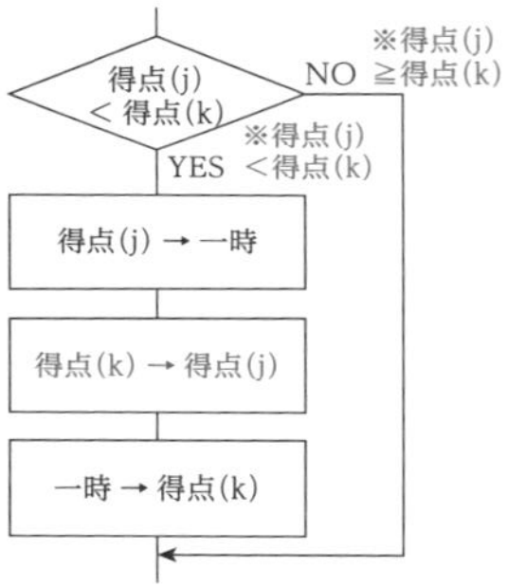
得点(j) < 得点(k)
NO ※得点(j) ≧得点(k)
YES ※得点(j) <得点(k)
得点(j) → 一時
得点(k) → 得点(j)
一時 → 得点(k)

問題 11-2 以下の処理を，フローチャートとして記入しなさい。
・時間(j)が時間(k)よりも大きい場合，時間(j)と時間(k)の入替を行う。
・入替を行う際には，一時 という記憶領域を利用する。

解答

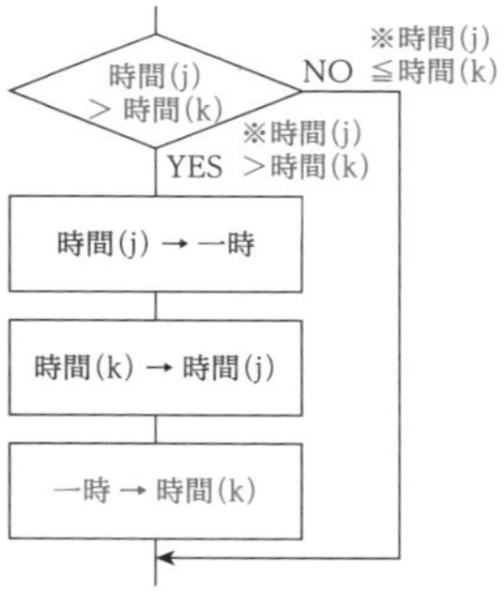
時間(j) > 時間(k)
NO ※時間(j) ≦時間(k)
YES ※時間(j) >時間(k)
時間(j) → 一時
時間(k) → 時間(j)
一時 → 時間(k)

ポイント!　問題11-1と問題11-2は，後に学習するバブルソート(p.24)の考え方につながります。

問題 11-3 以下の処理を，フローチャートとして記入しなさい。
・mが最大と等しくない場合，得点(m)と得点(最大)の入替を行う。
・入替を行う際には，待避 という記憶領域を利用する。

解答

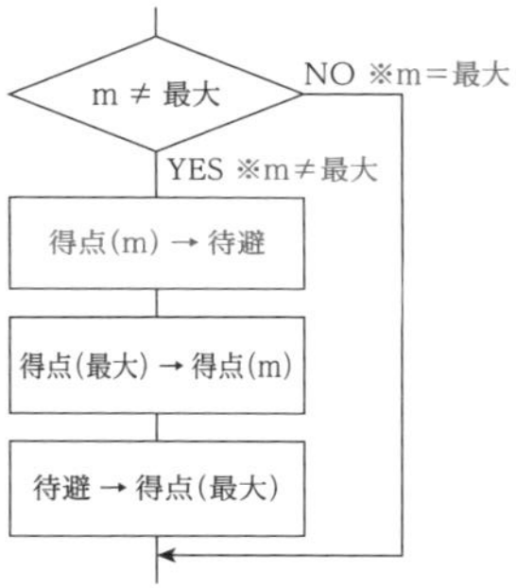
m ≠ 最大
NO ※m＝最大
YES ※m≠最大
得点(m) → 待避
得点(最大) → 得点(m)
待避 → 得点(最大)

問題 11-4 以下の処理を，フローチャートとして記入しなさい。
・mが最小と等しくない場合，時間(m)と時間(最小)の入替を行う。
・入替を行う際には，待避 という記憶領域を利用する。

解答

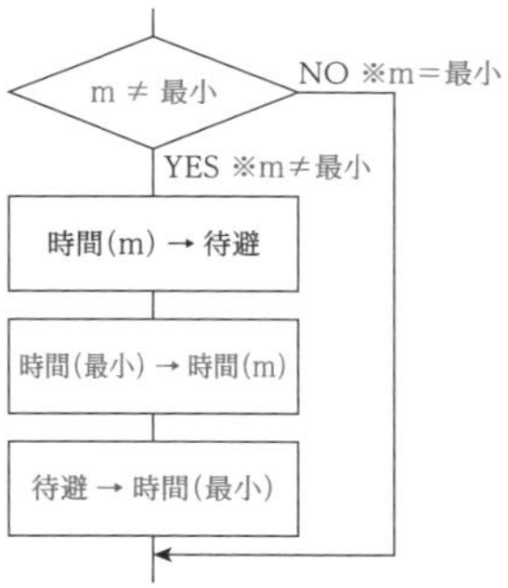
m ≠ 最小
NO ※m＝最小
YES ※m≠最小
時間(m) → 待避
時間(最小) → 時間(m)
待避 → 時間(最小)

ポイント!　問題11-3と問題11-4は，後に学習するセレクションソート(p.26)の考え方につながります。

問題 11-5 以下の処理を，フローチャートとして記入しなさい。
・ｊはｍ−1から始まり，1ずつ減少させ，0以上の間，重量(j)をひとつ後ろに移動させる処理を繰り返す。

解答

ループ
jはm − 1から1ずつ減らしてj ≧ 0の間
重量(j) → 重量(j + 1)
ループ

ポイント!　ｊ番目のひとつ後ろは，j＋1番目と表現します。

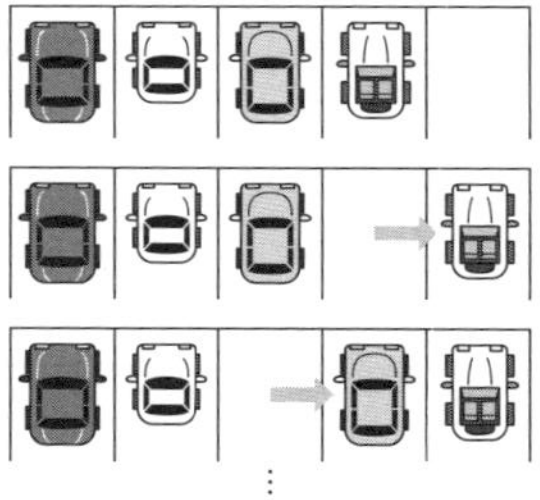

ポイント!　車(データ)を後ろにずらす場合は，後ろの車(データ)から順番に移動をさせます。

問題 11-6 以下の処理を，フローチャートとして記入しなさい。
・ｊはｍ−1から始まり，1ずつ減少させ，重量(j)が保存未満の間，重量(j)をひとつ後ろに移動させる処理を繰り返す。

解答

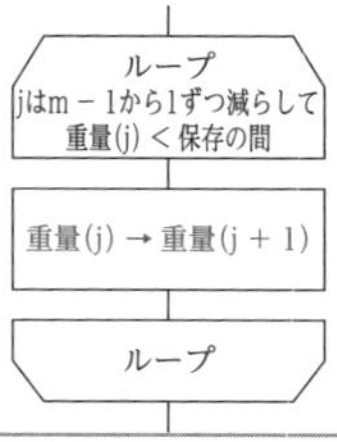
ループ
jはm − 1から1ずつ減らして
重量(j) < 保存の間
重量(j) → 重量(j + 1)
ループ

ポイント!　問題11-5と問題11-6は，後に学習するインサーションソート(p.28)の考え方につながります。

12 バブルソート

例題 12　バブルソート

次の４人の得点を降順に並べ替えて表示するために，正しい順番に並べ替え，記入しなさい。

実行結果

（得点）
89
77
64
58

得点	(0)	(1)	(2)	(3)
	77	64	58	89

- 得点(j) ＜ 得点(k)
- j＋１→k
- jは０から１ずつ増やしてj≦mの間
- mは２から１ずつ減らしてm≧０の間
- 保存→得点(k)

解答

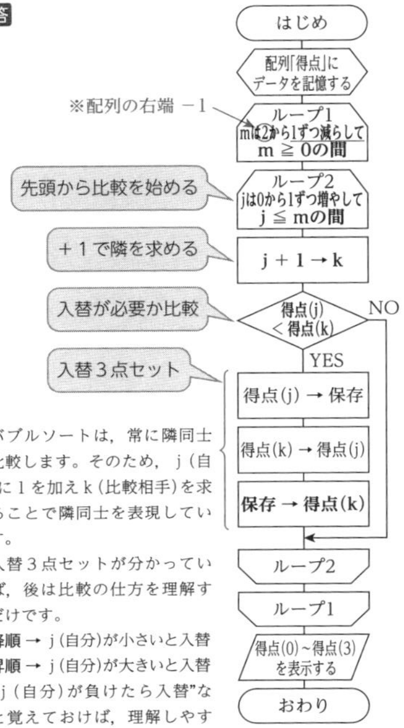

※配列の右端 －１
先頭から比較を始める
＋１で隣を求める
入替が必要か比較
入替３点セット
はじめ
配列「得点」に
データを記憶する
ループ1
m は2から1ずつ減らして
m ≧ 0の間
ループ2
jは0から1ずつ増やして
j ≦ mの間
j＋１→k
得点(j)
＜得点(k)
NO
YES
得点(j) → 保存
得点(k) → 得点(j)
保存 → 得点(k)
ループ2
ループ1
得点(0)～得点(3)
を表示する
おわり

バブルソートは，常に隣同士を比較します。そのため，j（自分）に１を加えk（比較相手）を求めることで隣同士を表現しています。

入替３点セットが分かっていれば，後は比較の仕方を理解するだけです。

降順→j(自分)が小さいと入替
昇順→j(自分)が大きいと入替
"j（自分）が負けたら入替"などと覚えておけば，理解しやすいです。

問題 12-1 バブルソートを行うフローチャートの添字の組み合わせにおいて，トレースを行いなさい。

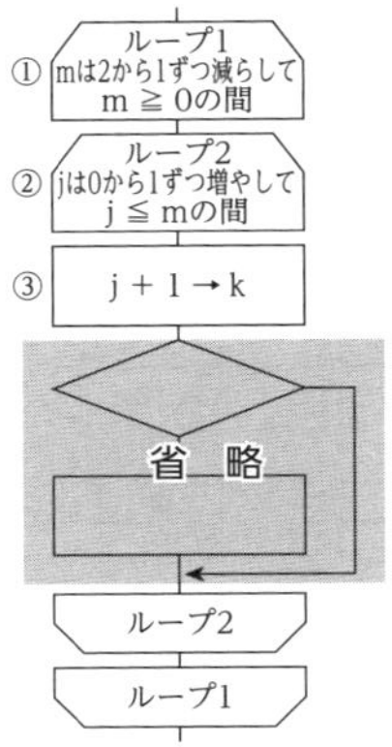

①
ループ1
mは2から1ずつ減らして
m ≧ 0の間
②
ループ2
jは0から1ずつ増やして
j ≦ mの間
③
j＋１→k
省略
ループ2
ループ1

解答

		m	j	k	
ループ1	①	2	—	—	
	②	2	0	—	
	③	2	0	1	※
1巡目	②	2	1	1	
	③	2	1	2	※
	②	2	2	2	
	③	2	2	3	※
	①	1	2	3	
	②	1	0	3	
2巡目	③	1	0	1	※
	②	1	1	1	
	③	1	1	2	※
	①	0	1	2	
3巡目	②	0	0	2	
	③	0	0	1	※

※ j番目とk番目を比較し，入替処理を行う

ポイント！　③を実行した後の状態に注目しましょう。jとkは常に＋１の関係，つまり，隣同士を示しています。

次に，mの値に注目しましょう。mの値はjの終点を示しています。j＋１がkのため，mは配列の左端－１となっています。また，バブルソートは１巡するたび，配列の右端の値が確定します。そのため，１巡するごとにmは１ずつ減っていきます。

問題 12-2 次の４人の得点を降順に並べ替えて表示するために，正しい順番に並べ替え，記入しなさい。

実行結果

（氏名）	（得点）
出川巧	89
鈴木貴大	77
加藤恭也	64
菊池二千翔	58

	(0)	(1)	(2)	(3)
名簿	鈴木貴大	加藤恭也	菊池二千翔	出川巧
得点	77	64	58	89

- mは２から１ずつ減らしてm≧０の間
- jは０から１ずつ増やしてj≦mの間
- 名簿保存→名簿(k)
- 得点(k)→得点(j)
- 得点(j)＜得点(k)

解答

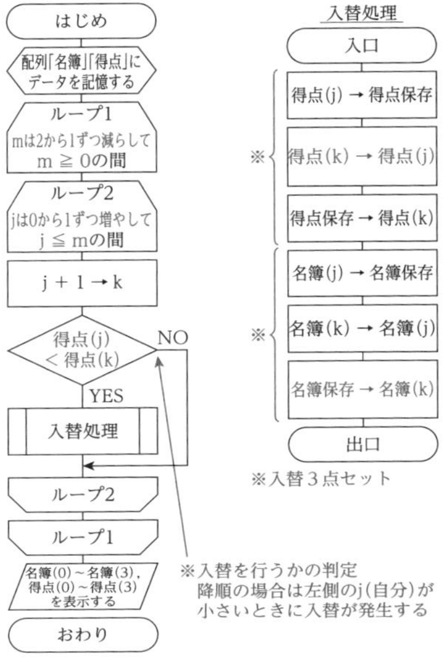

はじめ
配列「名簿」「得点」に
データを記憶する
ループ1
mは2から1ずつ減らして
m ≧ 0の間
ループ2
jは0から1ずつ増やして
j ≦ mの間
j＋１→k
得点(j)
＜得点(k)
NO
YES
入替処理
ループ2
ループ1
名簿(0)～名簿(3)，
得点(0)～得点(3)
を表示する
おわり
入替処理
入口
得点(j) → 得点保存
得点(k) → 得点(j)
得点保存 → 得点(k)
名簿(j) → 名簿保存
名簿(k) → 名簿(j)
名簿保存 → 名簿(k)
出口
※
※
※入替３点セット
※入替を行うかの判定
降順の場合は左側のj(自分)が
小さいときに入替が発生する

問題 12-3 次の４人が宿泊する部屋番号を昇順に並べ替えて表示するために，正しい順番に並べ替え，記入しなさい。

実行結果

（部屋番号）	（氏名）
210	加藤恭也
213	菊池二千翔
227	出川巧
521	鈴木貴大

- 部屋(j)→部屋保存
- 名簿(j＋1)→名簿(j)
- m≧0
- j≦m
- 部屋(j)＞部屋(j＋1)

	(0)	(1)	(2)	(3)
名簿	出川巧	菊池二千翔	鈴木貴大	加藤恭也
部屋	227	213	521	210

解答

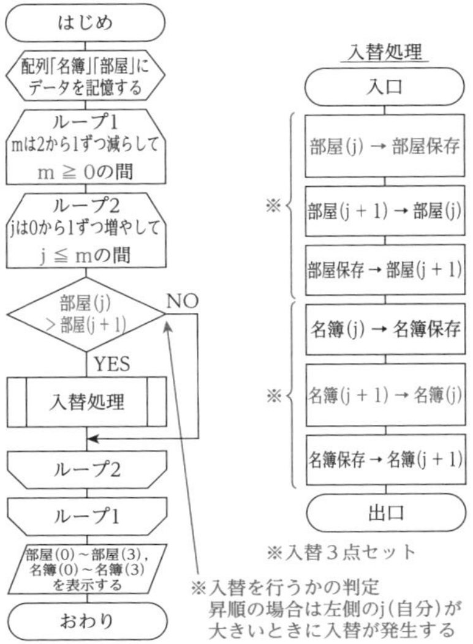

はじめ
配列「名簿」「部屋」に
データを記憶する
ループ1
mは2から1ずつ減らして
m ≧ 0の間
ループ2
jは0から1ずつ増やして
j ≦ mの間
部屋(j)
＞部屋(j＋1)
NO
YES
入替処理
ループ2
ループ1
部屋(0)～部屋(3)，
名簿(0)～名簿(3)
を表示する
おわり
入替処理
入口
部屋(j) → 部屋保存
部屋(j＋1) → 部屋(j)
部屋保存 → 部屋(j＋1)
名簿(j) → 名簿保存
名簿(j＋1) → 名簿(j)
名簿保存 → 名簿(j＋1)
出口
※
※
※入替３点セット
※入替を行うかの判定
昇順の場合は左側のj(自分)が
大きいときに入替が発生する

ポイント！　入替を行うかの判定が難しいです。

降順→配列の左側のj(自分)が小さいと入替
昇順→配列の左側のj(自分)が大きいと入替

順位付けのときの"j(自分)が負けたら＋1"によく似ています。問題８を参考に，"j(自分)が負けたら入替"のように覚えておくと良いでしょう。ただし，添字はjとは限りませんから注意が必要です。

13 セレクションソート

例題 13　セレクションソート

次の４人の得点を降順に並べ替えて表示するために，正しい順番に並べ替え，記入しなさい。

実行結果

（得点）
89
77
64
58

- ・m → 最大
- ・j → 最大
- ・m＋1 → k
- ・得点(m) → 保存

	(0)	(1)	(2)	(3)
得点	64	77	58	89

解答

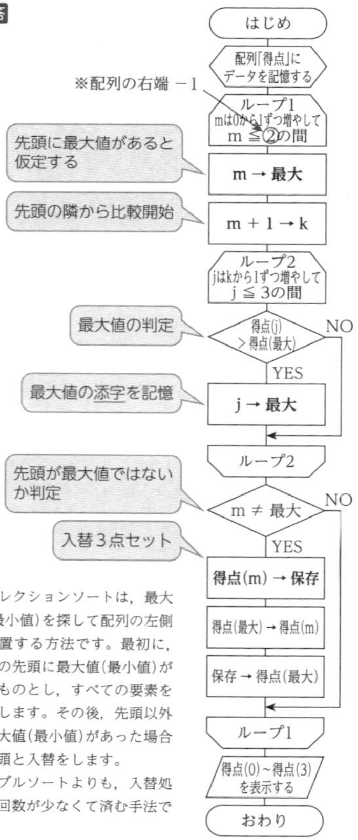

はじめ
配列「得点」にデータを記憶する
※配列の右端 －1
ループ1 mは0から1ずつ増やして m ≦ ②の間
先頭に最大値があると仮定する
m → 最大
先頭の隣から比較開始
m＋1 → k
ループ2 jはkから1ずつ増やして j ≦ 3の間
最大値の判定
得点(j) ＞得点(最大)
NO
YES
最大値の添字を記憶
j → 最大
ループ2
先頭が最大値ではないか判定
m ≠ 最大
NO
YES
入替３点セット
得点(m) → 保存
得点(最大) → 得点(m)
保存 → 得点(最大)
ループ1
得点(0)～得点(3)を表示する
おわり

セレクションソートは，最大値（最小値）を探して配列の左側に配置する方法です。最初に，配列の先頭に最大値（最小値）があるものとし，すべての要素を比較します。その後，先頭以外に最大値（最小値）があった場合は先頭と入替をします。

バブルソートよりも，入替処理の回数が少なくて済む手法です。

問題 13-1 セレクションソートを行うフローチャートの添字の組み合わせにおいて，トレースを行いなさい。

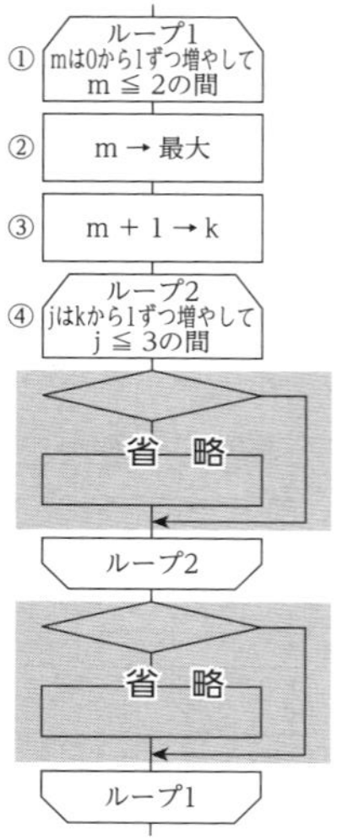

①
ループ1 mは0から1ずつ増やして m ≦ 2の間
②
m → 最大
③
m＋1 → k
④
ループ2 jはkから1ずつ増やして j ≦ 3の間
省略
ループ2
省略
ループ1

解答

		m	最大	k	j	
ループ1	①	0	—	—	—	
1巡目	②	0	0	—	—	
	③	0	0	1	—	
	④	0	0	1	1	※
	④	0	●	1	2	※
	④	0	●	1	3	※
2巡目	①	1	●	1	3	
	②	1	1	1	3	
	③	1	1	2	3	
	④	1	1	2	2	※
	④	1	●	2	3	※
3巡目	①	2	●	2	3	
	②	2	2	2	3	
	③	2	2	3	3	
	④	2	2	3	3	※

●はアルゴリズムの都合上，値を省略する
※ｊ番目と最大番目を比較し，最大値の入った添字を求める

ポイント！ ループ２の④を見てみましょう。最大値の初期値は配列の先頭，ｊが先頭の隣から配列の末尾まで巡回しています。セレクションソートは１巡するたび，配列の左端の値が確定します。そのため，１巡するごとにmは１ずつ増えていきます。

問題 13-2 次の４人の得点を降順に並べ替えて表示するために，正しい順番に並べ替え，記入しなさい。

実行結果

（氏名）	（得点）
出川巧	89
鈴木貴大	77
加藤恭也	64
菊池二千翔	58

	(0)	(1)	(2)	(3)
名簿	加藤恭也	鈴木貴大	菊池二千翔	出川巧
得点	64	77	58	89

- ・名簿(m) → 名簿保存
- ・得点(最大) → 得点(m)
- ・得点(j) ＞ 得点(最大)
- ・m ≠ 最大
- ・m → 最大
- ・m＋1 → k

解答

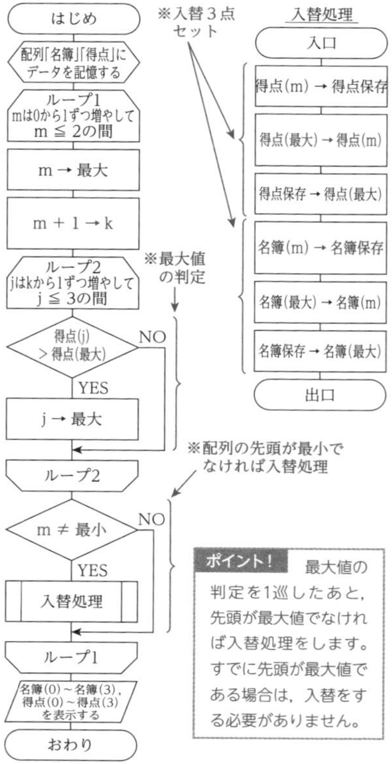

はじめ
配列「名簿」「得点」にデータを記憶する
ループ1 mは0から1ずつ増やして m ≦ 2の間
m → 最大
m＋1 → k
※最大値の判定
ループ2 jはkから1ずつ増やして j ≦ 3の間
得点(j) ＞得点(最大)
NO
YES
j → 最大
ループ2
※配列の先頭が最小でなければ入替処理
m ≠ 最小
NO
YES
入替処理
ループ1
名簿(0)～名簿(3)，得点(0)～得点(3)を表示する
おわり
※入替３点セット
入替処理
入口
得点(m) → 得点保存
得点(最大) → 得点(m)
得点保存 → 得点(最大)
名簿(m) → 名簿保存
名簿(最大) → 名簿(m)
名簿保存 → 名簿(最大)
出口

ポイント！ 最大値の判定を1巡したあと，先頭が最大値でなければ入替処理をします。すでに先頭が最大値である場合は，入替をする必要がありません。

問題 13-3 次の４人が宿泊する部屋番号を昇順に並べ替えて表示するために，正しい順番に並べ替え，記入しなさい。

実行結果

（部屋番号）	（氏名）
210	加藤恭也
213	菊池二千翔
227	出川巧
521	鈴木貴大

	(0)	(1)	(2)	(3)
名簿	菊池二千翔	鈴木貴大	出川巧	加藤恭也
部屋	213	521	227	210

- ・m → 最小
- ・m ＝ 最小
- ・j → 最小
- ・名簿保存 → 名簿(最小)
- ・部屋(j) ＜ 部屋(最小)
- ・部屋(m) → 部屋保存

解答

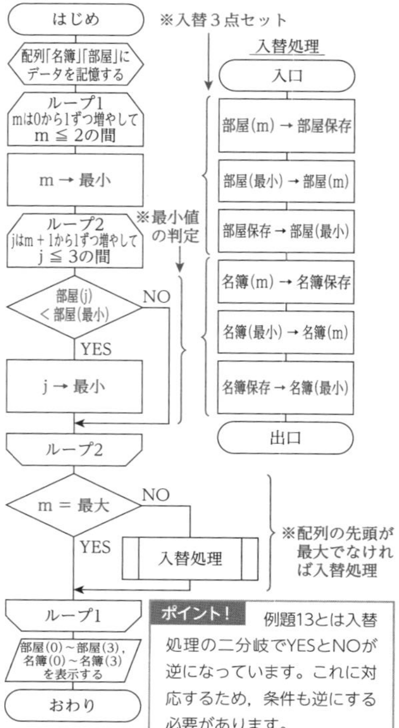

はじめ
配列「名簿」「部屋」にデータを記憶する
ループ1 mは0から1ずつ増やして m ≦ 2の間
m → 最小
※最小値の判定
ループ2 jはm＋1から1ずつ増やして j ≦ 3の間
部屋(j) ＜部屋(最小)
NO
YES
j → 最小
ループ2
m ＝ 最大
NO
YES
入替処理
※配列の先頭が最大でなければ入替処理
ループ1
部屋(0)～部屋(3)，名簿(0)～名簿(3)を表示する
おわり
※入替３点セット
入替処理
入口
部屋(m) → 部屋保存
部屋(最小) → 部屋(m)
部屋保存 → 部屋(最小)
名簿(m) → 名簿保存
名簿(最小) → 名簿(m)
名簿保存 → 名簿(最小)
出口

ポイント！ 例題13とは入替処理の二分岐でYESとNOが逆になっています。これに対応するため，条件も逆にする必要があります。

14 インサーションソート

例題 14　**インサーションソート**

次の4人の得点を降順に並べ替えて表示するために，正しい順番に並べ替え，記入しなさい。

実行結果

（得点）
89
77
64
58

・保存 → 得点(j＋1)
・得点(j) → 得点(j＋1)
・得点(m) → 保存
・mは1から1ずつ増やして m ≦ 3の間

	(0)	(1)	(2)	(3)
得点	64	89	58	77

解答

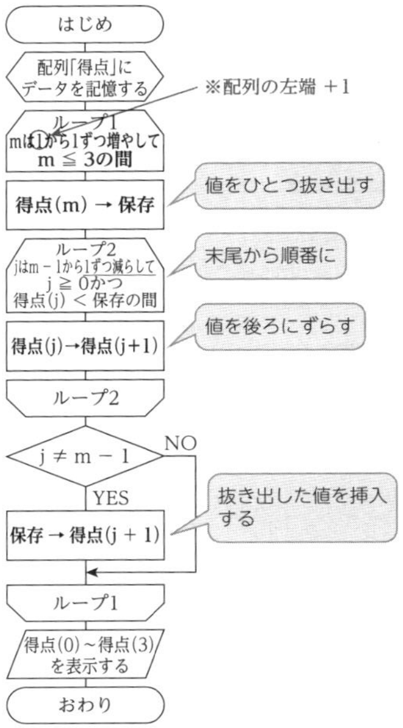

はじめ
配列「得点」にデータを記憶する
※配列の左端 ＋1
ループ1 mは1から1ずつ増やして m ≦ 3の間
得点(m) → 保存
値をひとつ抜き出す
ループ2 jはm－1から1ずつ減らして j ≧ 0かつ 得点(j) ＜ 保存の間
末尾から順番に
得点(j)→得点(j+1)
値を後ろにずらす
ループ2
j ≠ m － 1
NO
YES
保存 → 得点(j ＋ 1)
抜き出した値を挿入する
ループ1
得点(0)～得点(3)を表示する
おわり

インサーションソートは，値をひとつ抜き出して，その値が入る場所まで配列の要素をひとつずつ後ろにずらして挿入する方法です。ループの条件が難しく，3種類のソートの中でも，最も難解と思われます。

次に示す「考え方の例」は，例題の 得点 を鉛筆の長さで置きかえたものです。インサーションソートの動きを視覚的にとらえましょう。

■考え方の例

4本の鉛筆を長い順（降順）に並べ替える例です。

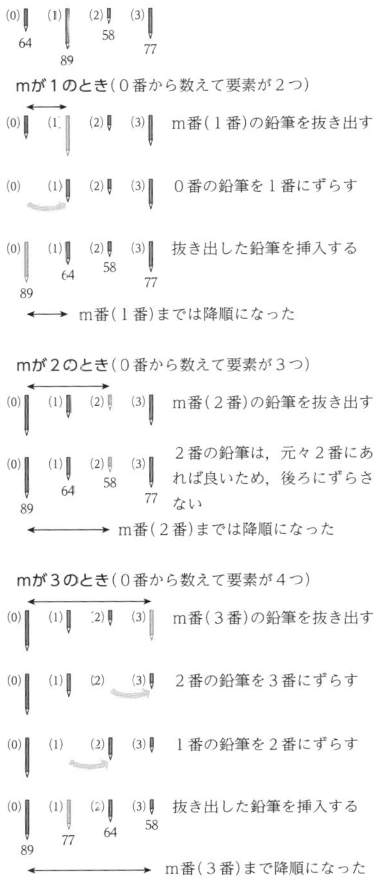

(0) (1) (2) (3)
64 89 58 77
mが1のとき（0番から数えて要素が2つ）
m番（1番）の鉛筆を抜き出す
0番の鉛筆を1番にずらす
抜き出した鉛筆を挿入する
89 64 58 77
m番（1番）までは降順になった
mが2のとき（0番から数えて要素が3つ）
m番（2番）の鉛筆を抜き出す
2番の鉛筆は，元々2番にあれば良いため，後ろにずらさない
89 64 58 77
m番（2番）までは降順になった
mが3のとき（0番から数えて要素が4つ）
m番（3番）の鉛筆を抜き出す
2番の鉛筆を3番にずらす
1番の鉛筆を2番にずらす
抜き出した鉛筆を挿入する
89 77 64 58
m番（3番）まで降順になった

mが1のときは，j ≧ 0 の条件でループ2が終了しています。

mが2のときは，得点(j) ＜ 保存 の条件により，ループの中に入っていません。

mが3のときは，得点(j) ＜ 保存 の条件で，後ろにずらす途中でループが終了しています。

問題 14-1 次の4人の得点を降順に並べ替えて表示するために，正しい順番に並べ替え，記入しなさい。

実行結果

（氏名）	（得点）
出川巧	89
鈴木貴大	77
加藤恭也	64
菊池二千翔	58

	(0)	(1)	(2)	(3)
名簿	加藤恭也	出川巧	菊池二千翔	鈴木貴大
得点	64	89	58	77

解答

・名簿(m) → 名簿保存
・名簿保存 → 名簿(j＋1)
・得点(j) → 得点(j＋1)
・j ＝ m － 1
・j ≧ 0

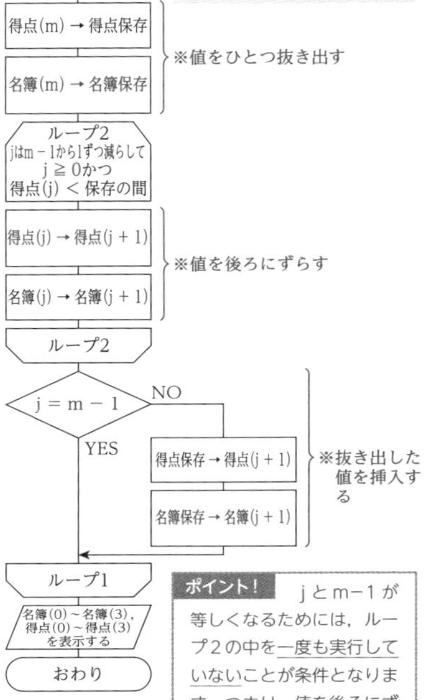

はじめ
配列「名簿」「得点」にデータを記憶する
ループ1 mは1から1ずつ増やして m ≦ 3の間
得点(m) → 得点保存
名簿(m) → 名簿保存
※値をひとつ抜き出す
ループ2 jはm－1から1ずつ減らして j ≧ 0かつ 得点(j) ＜ 保存の間
得点(j) → 得点(j ＋ 1)
名簿(j) → 名簿(j ＋ 1)
※値を後ろにずらす
ループ2
j ＝ m － 1
NO
YES
得点保存 → 得点(j ＋ 1)
名簿保存 → 名簿(j ＋ 1)
※抜き出した値を挿入する
ループ1
名簿(0)～名簿(3)，得点(0)～得点(3)を表示する
おわり

ポイント！　j と m－1 が等しくなるためには，ループ2の中を一度も実行していないことが条件となります。つまり，値を後ろにずらしておらず，抜き出した値の挿入が必要ありません。

問題 14-2 次の4人が宿泊する部屋番号を昇順に並べ替えて表示するために，正しい順番に並べ替え，記入しなさい。

実行結果

（部屋番号）	（氏名）
210	加藤恭也
213	菊池二千翔
227	出川巧
521	鈴木貴大

	(0)	(1)	(2)	(3)
名簿	菊池二千翔	鈴木貴大	加藤恭也	出川巧
部屋	213	521	210	227

解答

・部屋(m) → 部屋保存
・部屋保存 → 部屋(j＋1)
・名簿(j) → 名簿(j＋1)
・部屋(j) ＞ 保存
・j ≠ m － 1

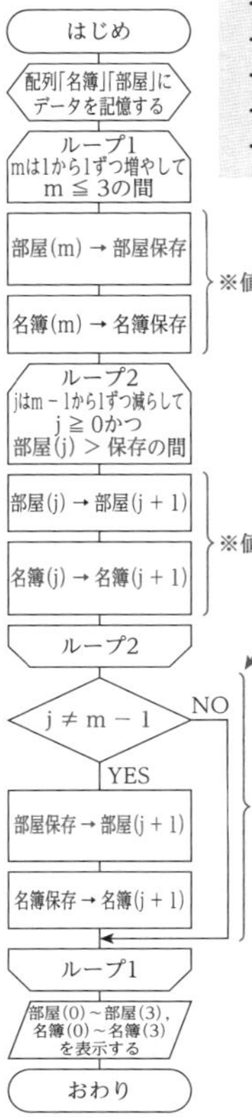

はじめ
配列「名簿」「部屋」にデータを記憶する
ループ1 mは1から1ずつ増やして m ≦ 3の間
部屋(m) → 部屋保存
名簿(m) → 名簿保存
※値をひとつ抜き出す
ループ2 jはm－1から1ずつ減らして j ≧ 0かつ 部屋(j) ＞ 保存の間
部屋(j) → 部屋(j ＋ 1)
名簿(j) → 名簿(j ＋ 1)
※値を後ろにずらす
ループ2
※抜き出した値を挿入する
j ≠ m － 1
NO
YES
部屋保存 → 部屋(j ＋ 1)
名簿保存 → 名簿(j ＋ 1)
ループ1
部屋(0)～部屋(3)，名簿(0)～名簿(3)を表示する
おわり

ポイント！　ループ2の継続条件がふたつあります。j ≧ 0 は，j が0より大きく，後ろにずらす値がある，という意味です。

部屋(j) ＞ 保存 は，挿入する位置を見つけるための条件です。ここでも降順と昇順では不等号の向きが変わりますから，注意が必要です。

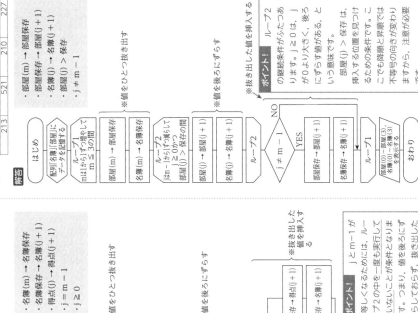

15 演習問題3

問題 15-1 オンライン学習会参加時間(分)の降順に並べ替えて表示するために，正しい順番に並べ替え，記入しなさい。　【バブルソート】

実行結果

（オンライン学習会参加時間）
（参加時間）　（氏名）
135　永井琳菜
127　中村美咲
114　大林ひなた
102　久保田莉央
98　白井彩夏
95　川上未愉

	(0)	(1)	(2)	(3)	(4)	(5)
Mei	大林ひなた	川上未愉	白井彩夏	永井琳菜	中村美咲	久保田莉央
Fun	114	95	98	135	127	102

・Fun(n)，Mei(n)を表示する
・Fhozon → Fun(p + 1)
・Fun(p) < Fun(p + 1)
・Mei(p + 1) → Mei(p)

解答

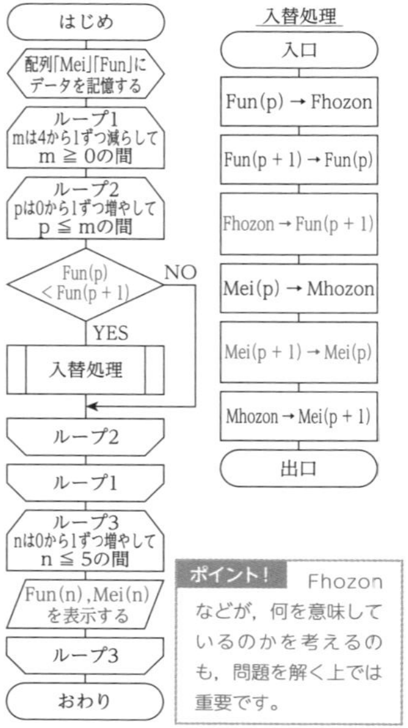
はじめ
配列「Mei」「Fun」にデータを記憶する
ループ1 mは4から1ずつ減らして m ≧ 0の間
ループ2 pは0から1ずつ増やして p ≦ mの間
Fun(p) < Fun(p + 1)
NO
YES
入替処理
ループ2
ループ1
ループ3 nは0から1ずつ増やして n ≦ 5の間
Fun(n),Mei(n)を表示する
ループ3
おわり
入替処理
入口
Fun(p) → Fhozon
Fun(p + 1) → Fun(p)
Fhozon → Fun(p + 1)
Mei(p) → Mhozon
Mei(p + 1) → Mei(p)
Mhozon → Mei(p + 1)
出口

ポイント! Fhozonなどが，何を意味しているのかを考えるのも，問題を解く上では重要です。

問題 15-2 オンライン学習会参加時間(分)の降順に並べ替えて表示するために，正しい順番に並べ替え，記入しなさい。　【セレクションソート】

実行結果

（オンライン学習会参加時間）
（参加時間）　（氏名）
135　永井琳菜
127　中村美咲
114　大林ひなた
102　久保田莉央
98　白井彩夏
95　川上未愉

	(0)	(1)	(2)	(3)	(4)	(5)
Mei	大林ひなた	川上未愉	白井彩夏	永井琳菜	中村美咲	久保田莉央
Fun	114	95	98	135	127	102

・Fun(d) → Fun(m)　・m ≠ d
・Fun(p) > Fun(d)　・m → d
・Mei(m) → Mhozon

解答

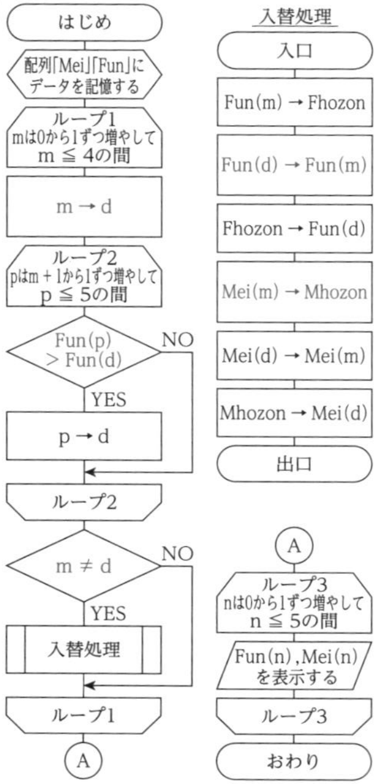
はじめ
配列「Mei」「Fun」にデータを記憶する
ループ1 mは0から1ずつ増やして m ≦ 4の間
m → d
ループ2 pはm + 1から1ずつ増やして p ≦ 5の間
Fun(p) > Fun(d)
NO
YES
p → d
ループ2
m ≠ d
NO
YES
入替処理
ループ1
A
入替処理
入口
Fun(m) → Fhozon
Fun(d) → Fun(m)
Fhozon → Fun(d)
Mei(m) → Mhozon
Mei(d) → Mei(m)
Mhozon → Mei(d)
出口
A
ループ3 nは0から1ずつ増やして n ≦ 5の間
Fun(n),Mei(n)を表示する
ループ3
おわり

問題 15-3 オンライン学習会参加時間(分)の降順に並べ替えて表示するために，正しい順番に並べ替え，記入しなさい。　【インサーションソート】

実行結果

（オンライン学習会参加時間）
（参加時間）　（氏名）
135　永井琳菜
127　中村美咲
114　大林ひなた
102　久保田莉央
98　白井彩夏
95　川上未愉

	(0)	(1)	(2)	(3)	(4)	(5)
Mei	大林ひなた	川上未愉	白井彩夏	永井琳菜	中村美咲	久保田莉央
Fun	114	95	98	135	127	102

・p = m − 1　・Fun(p) → Fun(p + 1)
・Fhozon → Fun(p + 1)　・Mei(m) → Mhozon
・p ≧ 0

解答

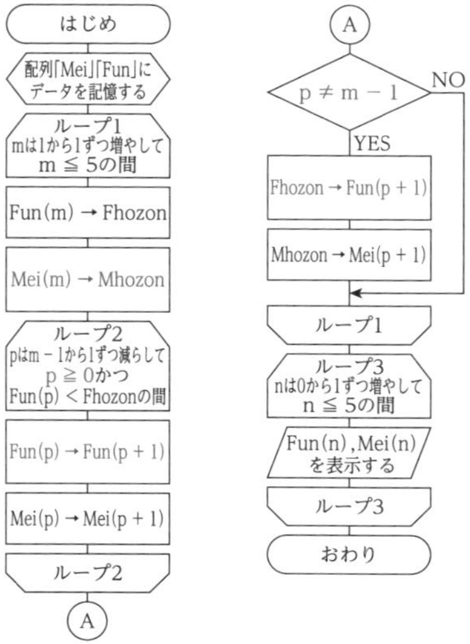
はじめ
配列「Mei」「Fun」にデータを記憶する
ループ1 mは1から1ずつ増やして m ≦ 5の間
Fun(m) → Fhozon
Mei(m) → Mhozon
ループ2 pはm − 1から1ずつ減らして p ≧ 0かつ Fun(p) < Fhozonの間
Fun(p) → Fun(p + 1)
Mei(p) → Mei(p + 1)
ループ2
A
A
p ≠ m − 1
NO
YES
Fhozon → Fun(p + 1)
Mhozon → Mei(p + 1)
ループ1
ループ3 nは0から1ずつ増やして n ≦ 5の間
Fun(n),Mei(n)を表示する
ループ3
おわり

ポイント! 問題15-4は，問題15-3と比較すると，FhozonやMhozonの代わりに配列の０番目をデータ保存用に用意しています。データの件数と配列の要素数が一致しないときは要注意です。

問題 15-4 オンライン学習会参加時間(分)の降順に並べ替えて表示するために，正しい順番に並べ替え，記入しなさい。　【インサーションソート】

実行結果

（オンライン学習会参加時間）
（参加時間）　（氏名）
135　永井琳菜
127　中村美咲
114　大林ひなた
102　久保田莉央
98　白井彩夏
95　川上未愉

	(0)	(1)	(2)	(3)	(4)	(5)	(6)
Mei		大林ひなた	川上未愉	白井彩夏	永井琳菜	中村美咲	久保田莉央
Fun		114	95	98	135	127	102

・p ≠ k　・Fun(0) → Fun(p + 1)
・Fun(m) → Fun(0)　・Mei(p) → Mei(p + 1)
・Fun(p) < Fun(0)

解答

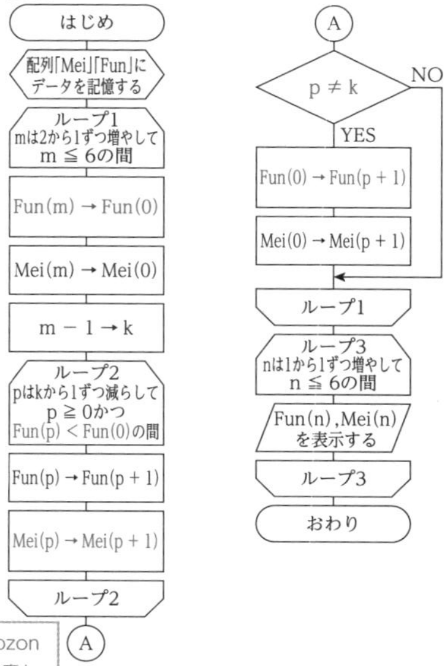
はじめ
配列「Mei」「Fun」にデータを記憶する
ループ1 mは2から1ずつ増やして m ≦ 6の間
Fun(m) → Fun(0)
Mei(m) → Mei(0)
m − 1 → k
ループ2 pはkから1ずつ減らして p ≧ 0かつ Fun(p) < Fun(0)の間
Fun(p) → Fun(p + 1)
Mei(p) → Mei(p + 1)
ループ2
A
A
p ≠ k
NO
YES
Fun(0) → Fun(p + 1)
Mei(0) → Mei(p + 1)
ループ1
ループ3 nは1から1ずつ増やして n ≦ 6の間
Fun(n),Mei(n)を表示する
ループ3
おわり